Otto Stich

Ich blieb einfach einfach

Otto Stich

Ich blieb einfach einfach

Eine Autobiografie mit Begleittexten
von Ivo Bachmann

Verlag Johannes Petri

Gedruckt mit grosszügiger Unterstützung von
bachmann medien ag
Basellandschaftliche Kantonalbank
Coop Schweiz

MIX
Aus verantwortungsvollen Quellen
FSC® C068066

Umschlagbild: Alt Bundesrat Otto Stich am Ordentlichen Parteitag der SP Schweiz, 25. Oktober 2008 in Aarau ©KEYSTONE/Sigi Tischler.
Umschlaggestaltung: Thomas Lutz
Gesamtherstellung: Schwabe AG, Druckerei, Muttenz/Basel
Printed in Switzerland
ISBN 978-3-03784-015-3

www.verlag-johannes-petri.ch

Inhalt

Der sechste Bundesrat

*Geleitwort von Oswald Sigg**

Eine Autobiografie des Politikers Otto Stich – das ist, zumal für ein ehemaliges Mitglied des Bundesrates, ungewöhnlich. Die Selbstdarstellung von alt Bundesräten ist keine entwickelte Disziplin, sieht man einmal von der bahnbrechenden Erfindung des portionierten Endlos-Interviews mit einem alt Bundesrat auf dem Privatkanal «teleblocher» ab.

Otto Stich ist anders. Er war nie einer, der am liebsten sich selbst sprechen hörte, war nie darauf erpicht, über sich zu lesen oder sein Erscheinen im Fernsehen zu betrachten. Gefallen findet er wohl noch immer an den politischen Zeichnungen. Gerade als Bundesrat fühlte er sich oft nur von den Karikaturisten verstanden, während ihn Politiker und Journalisten bereits als hoffnungslosen Fall abgeschrieben hatten. Deshalb auch sein ausdrücklicher Dank an die Karikaturisten in seiner Abschiedsrede vor der Vereinigten Bundesversammlung am 27. September 1995.

Als Otto Stich am 7. Dezember 1983 zum Nachfolger des im Amt verstorbenen Willi Ritschard gewählt wurde, standen dessen Berater Peter Hablützel und ich als Pressechef des Eidgenössischen Finanzdepartements wie vor den Kopf gestossen in meinem Büro im Bernerhof vor dem Bildschirm. Wir meinten doch, von unserem verehrten Chef den leisen Wunsch gehört zu haben, dass ihm eine Frau im Amt folgen sollte. Die erste Frau im Bundesrat wäre das gewesen, und wir alle – oder zumindest viele – dachten an und sprachen von Lilian Uchtenhagen, der rührigen SP-Nationalrätin aus Zürich. Sie und niemand anders war als Bannerträgerin der verspäteten helvetischen Frauenrevolution bestimmt worden. Und jetzt wählte die bürgerliche Mehrheit auf den für eine wehrhafte Sozialdemokratin reservierten

Sessel im Bundesratszimmer einfach einen farblosen und unscheinbaren, wenn auch nicht unsympathischen Pfeifenraucher. Max Frisch, das schlechte Gewissen der Nation, verurteilte ihn sogleich als sechsten bürgerlichen Bundesrat.

Doch der Gewählte erwies sich in der Folge als hartnäckiger, senkrechter Magistrat und – schlimmer noch – als freundlicher Mensch. Die Bürgerlichen schienen nicht mehr ganz so sicher, den Richtigen gewählt zu haben.

Hartnäckig erzielte Otto Stich bereits ein paar Wochen nach seinem Amtsantritt im Bundesrat für sich und seinen Parteikollegen Pierre Aubert einen Dispens von der Propagierung der Nein-Parole gegen die SP-Bankeninitiative in Radio und Fernsehen. Heute werden abweichende Standpunkte bundesrätlicher Redner mit den Mitteln der Gestik und der Mimik kommuniziert, was auch nicht eben kollegialer, im besten Fall aber etwas unterhaltsamer ist. Schon damals wollte sich der sozialdemokratische Vorsteher des Finanzdepartements wohlweislich einen unglaubwürdigen Auftritt zugunsten der Banken und ihres Geheimnisses ersparen.

Senkrecht und unerbittlich kämpfte Otto Stich zum Beispiel gegen die Mindeststeuerabkommen für ausländische Steuerflüchtlinge im Kanton Obwalden. Die dortige Steuerverwaltung wurde kurzerhand für einige Zeit unter Vormundschaft bzw. Bundesaufsicht gestellt. Steuerprivilegien für reiche Sport- und Showgrössen aus dem Ausland widersprachen dem Gerechtigkeitsempfinden des schweizerischen Finanzministers zutiefst.

Freundlich war und ist Otto Stich gegenüber allen Menschen. Sogar gegenüber Journalisten, was mich immer etwas verwunderte. Für sie stand seine Bürotür meistens weit offen. Als ich einmal vorsichtig den Wunsch einer Journalistin nach einem Interviewtermin für den übernächsten Nachmittag weitergab, stellte mir der Chef die Frage: «Warum, hat sie heute Nachmittag keine Zeit?» Nur einmal war das anders: Als mir ein damaliger Starjournalist, der heute in Berlin residierende Chefpublizist des Hauses Ringier, auftrug abzuklären, wann er Bundesrat Stich zu einem Arbeitslunch einladen dürfe, erklärte dieser freundlich: «Sag ihm bitte, ich esse gerne und arbeite gerne, aber beides lieber ohne ihn.»

Spätestens nach vier Jahren Zusammenarbeit mit Otto Stich war ich vollends davon überzeugt, dass die bürgerliche Mehrheit damals einer Täuschung erlegen war. Er ist nie auch nur halbwegs ihr sechster Bundesrat geworden.

* *Dr. Oswald Sigg*, geboren 1944, war Vizekanzler der Schweizerischen Eidgenossenschaft und Sprecher des Bundesrats. Zuvor wirkte er u.a. als Informations- und Stabschef für mehrere Bundesräte, von 1984 bis 1988 auch für den damaligen Finanzminister Otto Stich.

Der Visionär

*Geleitwort von Urs Niggli**

Dass Otto Stich auch ein engagierter Landwirtschaftspolitiker war, mag viele überraschen. Als Finanzminister schaute er mit Sorgen auf die wachsenden Ausgaben für die Landwirtschaft im Bundeshaushalt. Damals bereiteten Milchüberschüsse der Schweizer Landwirtschaft grossen Ärger – ein Problem, das auch heute noch besteht, trotz zahlreicher Reformen und Umwälzungen in der schweizerischen Agrarpolitik. Doch der Volkswirtschafter Otto Stich analysierte nicht nur die steigenden Kosten der Landwirtschaft, er kritisierte auch die Umweltbelastung und den Verlust an natürlicher Vielfalt, welche die hoch subventionierten Bauern verursachten. Damit rückte er schon früh das Konzept der «öffentlichen Güter» ins Zentrum seiner Überlegungen, nach dem die Bauernfamilien vor allem in Hinblick auf ihre Leistungen für die Natur, für eine intakte Umwelt und für das Tierwohl entschädigt werden sollen. Heute – 25 Jahre später – hat sich diese Politik in der Schweizer Landwirtschaft weitgehend durchgesetzt. Und sie wird in Zukunft auch die Agrarpolitik der Europäischen Union immer stärker prägen.

Diese Betrachtungsweise brachte es mit sich, dass Otto Stich schon früh eine Sympathie für die biologische Landwirtschaft hegte. Denn die Schönheit der Landschaft, die intakte Natur und die Vielfalt an Pflanzenarten lagen und liegen ihm sehr am Herzen. Bereits 1988 unterstützte er deshalb eine Motion im Nationalrat, die innovative Forschung des von Biobauern gegründeten kleinen *Forschungsinstituts für biologischen Landbau* (FiBL) mit Bundesgeldern zu fördern. Damit wollte er auch ein deutliches Zeichen für die Agrarforschung setzen und die von den staatlichen Institutionen einseitig auf Intensivierung angelegte Forschung und Beratung abmahnen. Es war dieser Entscheid, der eine der grössten Erfolgsgeschichten der Schweizer Agrarforschung auslöste und aus dem kleinen FiBL das heute international führende *Institut für Bioforschung* machte. Und dieser damalige Entscheid war auch die Grundlage dafür, dass die Schweiz bezüglich Anbau und Markt für biologische Lebensmittel bis vor kurzem eine führende Stellung innehatte. Unterdessen hat sie diese Vorrangstellung leider an andere europäische Länder wie Österreich und Dänemark, welche das Schweizer Modell erfolgreich kopierten, abtreten müssen. Nach seinem Rücktritt aus dem Bundesrat war Otto Stich während vieler Jahre Präsident der gemeinnützigen Stiftung, welche Trägerin des FiBL ist, und ist dieser Institution auch heute noch grosszügig verbunden.

Visionen haben es in der Landwirtschaftspolitik nach wie vor schwer. Auch heute wiegt in der Agrarforschung eine grosse Kartoffel immer noch mehr als eine intakte Natur. Der Weltagrarrat, ein hochkarätiges Gremium von Wissenschaftern, kritisierte im Jahr 2008 die staatlichen und industrienahen Forschungsinstitute und Hochschulen und schrieb, dass die steigende Zahl von Menschen nur ernährt werden könne, wenn die Landwirtschaft konsequent ökologisch und sozial sei. Otto Stich hat in diesem Sinn mit seiner Weitsicht und seiner Unterstützung der biologischen Landwirtschaft als Vorbild gedient und wichtige Anstösse gegeben.

* *Prof. Dr. Urs Niggli*, geboren 1953, ist Direktor des *Forschungsinstituts für biologischen Landbau* (FiBL) in Frick und Honorarprofessor der Universität Kassel im Fachgebiet Ökologische Agrarwissenschaften.

Otto Stich im Coop-Gebäude in Basel, Dezember 1983.

Rede anlässlich der Verleihung des Ehrenbürgerrechts von Dornach, 8. Juli 1987.

Rede beim Waldgang am 12. Mai 1988 anlässlich der 100-Jahr-Feier der Bürgergemeinde Dornach.

Otto Stich im Tabakladen, 1994.

Otto Stich während einer Sondersession im Parlament in Bern am 24. Januar 1995.

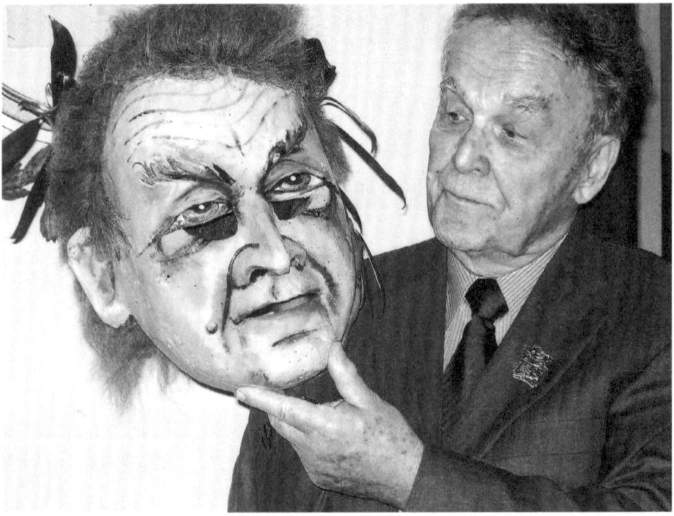

Otto Stich mit «Otto Stich». Fasnachtsvernissage in Basler Privathaushalt, 10. Februar 2008.

Vorwort

Es gibt Ereignisse im Leben, die bleiben einem in Erinnerung, als wären sie gestern passiert. Die erste grosse Liebe, der erste Arbeitstag, die Geburt der Kinder. Es sind Momente, die einen auch Jahrzehnte später noch berühren. Das sind die schönen Seiten der Erinnerung: die vielen grossen und kleinen Glücksmomente, in der Familie, bei der Arbeit, in der Gesellschaft. Sogar in der Politik.

Ebenso gibt es aber Erlebnisse, die sich plötzlich wieder in unsere Erinnerung drängen, obwohl man sie überwunden glaubte oder lieber vergessen hätte. Beklemmend unangenehme Erinnerungen. Der Nationalsozialismus. Die Weltwirtschaftskrise. Die Arbeitslosigkeit. Und man fragt sich gelegentlich: Wiederholt sich Geschichte? Was können, was müssen wir tun, um unseren Nachkommen eine bessere und gerechtere Welt zu hinterlassen?

Meine früheste Jugenderinnerung geht zurück ins Jahr 1932. Es war die Zeit der grossen Weltwirtschaftskrise. Eines Tages kam mein Vater tief bedrückt nach Hause und erklärte uns, jetzt sei er arbeitslos. Der Betrieb sei geschlossen worden. Eine Arbeitslosenversicherung gab es noch nicht. Ein anderer Arbeitsplatz war nicht zu finden. Unsere Familie war ohne Einkommen. Wie viele andere Arbeiterfamilien auch.

Die Parallelen zur heutigen Zeit sind frappant. Damals hatte billiges Geld in Amerika zu einer gewaltigen Spekulation geführt. An der Wall Street hatten sich die Kurse in schwindelerregende Höhen geschraubt. Schon glaubte man, das Zeitalter ewigen Wachstums sei angebrochen. Bis die Blase platzte. Weltweit verloren Millionen Arbeiterfamilien ihr Auskommen.

Heute stellen wir Ähnliches fest. Gerade noch herrschte eine grosse Euphorie an den Börsen – es ging zweistellig nach oben. Scheinbar grenzenloses Wachstum, scheinbar grenzenlose Gewinne. Wer als Arbeiter und Angestellter sein Geld verdiente und den Rest auf sein Sparkonto legte, schien völlig von gestern zu sein. Die Börse machte die Musik. Bis auch diese Blase platzte. Ein böses Erwachen. Staaten und Zentralbanken mussten Milliarden, ja Billionen ins zerstörte Finanzsystem pumpen. Und wieder verloren weltweit Millionen Arbeitnehmerinnen und Arbeitnehmer ihre Stellen.

Erwächst aus dieser neuesten Finanzkrise, trotz massiver staatlicher Intervention, schliesslich doch noch eine Weltwirtschaftskrise wie in den dreissiger Jahren des vergangenen Jahrhunderts? Eine Krise mit ähnlich verheerenden politischen und sozialen Folgen? Ich hoffe es nicht. Und ich glaube es nicht. Denn ich gehe – trotz allem – davon aus, dass wir aus der Geschichte etwas gelernt haben und rechtzeitig das uns Mögliche tun.

Im Jahr 1988 – ich war zum ersten Mal Bundespräsident – hatte der Bundesrat das «qualitative Wachstum» als Richtlinie seiner Politik definiert. Er ging damit neue Wege: Wachstum ist notwendig, doch es muss nachhaltig sein. Wachstum muss umwelt- und sozialverträglich sein.

Was wir in den letzten Jahren erlebt haben, war weniger ein qualitatives als vielmehr ein quantitatives Wachstum. Nicht überall, gewiss, vor allem aber in weiten Teilen der globalisierten Finanzwelt fand eine exzessive persönliche Bereicherung auf Kosten anderer statt. Manager sorgten sich primär um ihre Boni – und erst in zweiter Linie um das Wohl ihrer Unternehmen, der Arbeitnehmerinnen und Arbeitnehmer oder der Volkswirtschaft. Gier trieb die Manager zu unverantwortlichen Risiken – mit den bekannten gravierenden Folgen.

Beispiel UBS: Die Eidgenossenschaft musste die Grossbank mit Milliardenkrediten retten. Es gab wohl keine Alternative, auch wenn man über die Details des Rettungspakets –

zum Beispiel über die fehlenden Vorgaben bei den Spitzensalären – diskutieren kann und diskutieren sollte. Was lief schief in der Bankenwelt? Mit Nikolaus Senn, dem Ehrenpräsidenten der UBS und langjährigen Generaldirektor der Schweizerischen Bankgesellschaft, habe ich mich in meiner Zeit als Finanzminister ebenso gerne unterhalten wie gestritten. In einem Interview mit dem Magazin des «Tages-Anzeigers» im Februar 2008 sagte er: «Als ich die UBS verliess, hatten wir eine Gewinnsituation von netto etwa 1,8 oder 1,9 Milliarden. Danach folgten Jahresgewinne von 3, 5, 7, 10, 12 Milliarden (…). In diesem Renntempo ist die Organisation marschiert, ohne an den alten Grundsatz zu denken, die Proportionen zu wahren.» Und Senn mahnte: «Man sollte (…) zu einem gewissen Stil zurückkehren und nicht nur an den Bonus denken, sondern sich auch wieder seiner gesellschaftlichen Verantwortung bewusst werden.»

Götterdämmerung. Viele Top-Manager kannten keine Grenzen mehr beim Abkassieren. Sie wollten immer schneller, immer mehr verdienen. Es war eine Zeit des Egoismus, eine Rückkehr in ein feudalistisches System. Geld und Märkte regierten die Welt. Es zählten kurzfristige Gewinne. Der Börsen-Boom generierte eine kleine Schicht von Superreichen – und trieb viele mittelständische Familien an die Grenze zur Armut.

Wollen wir eine Zweiklassengesellschaft? Wir haben es in der Hand, die Entwicklung in eine andere Richtung zu lenken. Hin zu mehr Vernunft, mehr Transparenz, mehr Gerechtigkeit. Hin zu einer wirklich sozialen Marktwirtschaft mit einem tatsächlich qualitativen Wachstum. Man darf nicht alles und jedes dem freien Markt unterordnen, nur weil es dieser Markt angeblich so verlangt. Es braucht staatliche Leitplanken. Es braucht soziale Gerechtigkeit. Es braucht gesamtwirtschaftliche Verantwortung.

Zum Beispiel bei den Spitzensalären: Legt man bei den Löhnen von Top-Managern keine Obergrenze fest, gibt es für diese Spitzenkräfte auch keine moralischen Schranken. Hier muss der Staat korrigierend eingreifen.

Zum Beispiel beim Steuergesetz: Steuerhinterziehung ist stets auch eine Form von Steuerbetrug, im Ausland wie im Inland. Gegenüber Steuerbehörden darf es kein Bankgeheimnis geben, weder im Ausland noch im Inland.

Zum Beispiel in der sozialen Sicherheit: Der Staat muss dafür sorgen, dass Jugendliche, die keinen Arbeitsplatz finden, in einem speziellen Projekt gefördert werden. Es darf keine Arbeitslosen unter 18 Jahren geben!

Mit den Mitteln und Werten der Demokratie können wir eine sozialere Wirtschaft und eine gerechtere Gesellschaft erreichen – sofern wir die Mittel nutzen und die Werte achten. Und uns erinnern, auch an die Schattenseiten einer Zeit. Die Geschichte muss sich nicht wiederholen. Die Geschichte hält ihre Lehren bereit.

I. Stichproben

Mein Weg in die Politik

Rote Kirschen

Ivo Bachmann

Jedes Ende ist ein Anfang. Wie damals, an jenem Silvester, in dieser überhängenden Wand. Otto Stich erinnert sich, als wäre es gestern passiert: «Ich dachte schon: Jetzt ist es aus und vorbei.»

Die Gempenfluh ragt unweit von Dornach aus der Juralandschaft. Ein imposanter Felsbrocken. Wie eine Trutzburg steht er am Rand des Juraplateaus und schützt das hügelige Solothurner Schwarzbubenland im Süden vor der Offenheit der Rheinebene im Norden. Die Menschen hier gelten als «wortkarg und verschlossen, aber schlau und hartnäckig», wie der einstige Bundesrat Hans-Peter Tschudi, ein Basler Sozialdemokrat, einmal schrieb. Auf der Fluh standen die Späherposten der Eidgenossen und schauten misstrauisch ins Schwabenland und in die Vogesen.

Den jungen Otto Stich fasziniert an der Gempenfluh vor allem die jäh abfallende, überhängende Nordwand. Er ist ein begeisterter Kletterer. An freien Wochenenden geht er in die Berge und hängt sich in die Seile. Sein Jugendfreund Walter, der Sohn des «Engel»-Wirts in Dornach, begleitet ihn oft auf diesen Touren. So auch an Silvester 1954. Otto Stich ist 27-jährig. Die beiden Kollegen wollen die Wand an der Gempenfluh bezwingen. Doch der Versuch endet dramatisch. Ein Stein bricht ab, Otto stürzt zwanzig Meter in die Tiefe. Mit letzter Kraft kann sein Freund mit dem Sicherungsseil den gänzlichen Absturz verhindern; das Seil schneidet eine tiefe Wunde in Walters rechte Hand.

Jedes Ende ist ein Anfang. Was machen die beiden, kaum haben sie sich aus den Seilen befreit? Sie beschliessen, die gleiche Klettertour erneut zu wagen, nun eben an Karfreitag. Bis dann wird die Wunde vernarbt sein. Und die Angst besiegt.

Noch viele Jahre wird Otto Stich Felsen überwinden und Gipfel erklimmen, in den Alpen, und immer auch wieder im Jura. Besonders oft klettert er in den steilen Flanken des Raimeux, einem Bergrücken bei Moutier. Was treibt ihn an? Was fasziniert ihn am Bergsteigen, am Klettern? «Die Ruhe der Bergwelt, die Schönheit der Natur», sagt Otto Stich und markiert, wortkarg, den Geniesser. Die körperliche Anstrengung? Die psychische Überwindung? Die Angst vor dem Absturz? Nicht der Rede wert.

Die moderne Psychologie würde wohl von einem «Flow-Erlebnis» sprechen. Damit wird in der Erlebnispädagogik das Glücksgefühl beschrieben, das sich etwa beim Bergsteigen einstellen kann. Handlung und Bewusstsein verschmelzen, man konzentriert sich voll auf die unmittelbare Situation, auf den Fels, auf seine Beschaffenheit, auf seine Tücken; die ganze Aufmerksamkeit gilt dem nächsten Griff, dem nächsten Schritt. Kletterer brauchen ein tiefes Vertrauen in die eigenen Fähigkeiten, in die eigene Kompetenz und Erfahrung – und sie schenken das gleiche Vertrauen auch ihrem Begleiter. Schliesslich hängt man auf Gedeih und Verderb am selben Seil. Jede erfolgreich bestandene Herausforderung festigt dieses Vertrauen, stärkt die Persönlichkeit. Psychologisch gesehen: Man besiegt auch den Berg in sich selbst.

Otto Stich, in Kinderjahren ein eher kränklicher Junge, hat in den Felswänden nicht nur seinen Körper gestählt. Er hat seinen Charakter trainiert. Was ihn ein Leben lang auch als Politiker auszeichnen wird – es sind die Eigenschaften und Stärken eines Kletterers.

«Otto Stich ist ein treuer Mensch. Auf ihn ist Verlass», sagt ein Freund aus seiner Jugendzeit. Er umschreibt damit, was andere oft als Sturheit empfanden: Otto Stich blieb seiner Herkunft

verbunden, blieb seinen Wurzeln, seiner Welt, seiner Weltanschauung treu. Was für ihn zählt, ist die persönliche Erfahrung – und, sehr dosiert, das Vertrauen in die Erfahrung eines anderen. Am Berg wie im übrigen Leben.

Otto Stich wird am 10. Januar 1927 am Fuss der Gempenfluh, im solothurnischen Dornach, geboren. Er ist das jüngste von vier Kindern. Sein Vater arbeitet als Mechaniker bei der Brown Boveri & Cie. (BBC) in Münchenstein – bis ein Teil dieser Fabrik 1932 infolge der Weltwirtschaftskrise geschlossen wird. Eine schlimme Erfahrung für Otti, den Vater, und «eine erste bleibende Jugenderinnerung» für Otto, den Sohn. Denn der Vater, ein engagierter Gewerkschafter und überzeugter Sozialdemokrat, bleibt ein Jahr lang arbeitslos. Eine Versicherung gibt es nicht. Um nicht armengenössig zu werden, verdingt er sich bei einem Bauern.

Die Erfahrung, was es heisst, wenn jemand nicht arbeiten kann, obwohl er doch arbeiten will – sie wird der Grund sein, warum Otto Stich Jahre später Wirtschaft studiert: «Ich wollte verstehen, was Arbeitslosigkeit verursacht. Ich wollte wissen, was man tun muss, um den Arbeitern und ihren Familien dieses Schicksal zu ersparen.»

Die Familie Stich lebt in einem einfachen Haus am Kirschgartenweg, am Rand des Dorfes. Es ist ein «voll politisches Elternhaus», wie sich ein Freund der Familie ausdrückt – sozialdemokratisch bis ins Gebälk. Nicht nur der Vater engagiert sich politisch – er wird für einige Jahre Gemeinderat –; auch Rosi, die Mutter, prägt die Debatten im Haus. «Sie hat sich stark für politische Themen interessiert», erzählt Otto Stich. Ein Bekannter der Familie erinnert sich an eine «liebenswürdige, äusserst kultivierte Frau»; der Vater sei «stolz und selbstbewusst» gewesen, habe zuweilen auch «etwas arrogant» gewirkt. Tatsächlich sei am Kirschgartenweg «ständig politisiert worden», zuweilen sehr heftig und deftig. «Es war eine Politik, die sich an lokalen Personen, am lokalen Geschehen orientierte.»

Es gibt kein Radio und natürlich auch noch kein Fernsehen im Hause Stich; als einzige Zeitung kommt «Das Volk» an den Kirschgartenweg, das sozialdemokratische Solothurner Arbeiterblatt. Der junge Otto erhält die richtige Gesinnung bei den Familiengesprächen am Mittagstisch. «Mein Otteli wird einmal Bundesrat», soll Vater Stich gesagt haben. Man nimmt es als Scherz.

Denn Otto Stich ist zwar ein fleissiger und strebsamer, aber unauffälliger Junge. Ehemalige Schulkollegen erinnern sich an einen «friedlichen, stillen Schaffer». Er gilt als «der Mathematiker» in der Klasse, ist «schon damals gut im Rechnen». Sprachliche Fächer liegen ihm weniger. Im Turnen ist er «etwas ungelenk». Sein Banknachbar in der Handelsschule erinnert sich an eine Besonderheit: «Otto interessierte sich sehr früh für Politik – im Gegensatz zu allen anderen Kollegen. Für Vorträge wählte er freiwillig politische Themen. Das war ungewöhnlich.» So hält Otto im Deutschunterricht einen Vortrag zum Thema «Initiative und Referendum» – und man erinnert sich auch in alten Tagen noch an diese Episode, weil der staatsbürgerlich versierte Schüler vor lauter Aufregung wiederholt von der «Initiatitive» spricht. Aber sonst? Otto Stich ist keiner, der das grosse Wort führt. Und dass dereinst ein Bundesrat aus ihm würde – nein, «das hätte man ihm damals nicht gegeben».

Einem Arbeiterkind sowieso nicht. Das tief rote Haus am Kirschgartenweg steht im klaren Kontrast zur vorherrschenden politischen Färbung im Dorf. Dornach wird seit Jahrzehnten vom Freisinn regiert – «und dieser Freisinn, der war damals eine extreme Veranstaltung», wie es ein Zeitzeuge ausdrückt. Die Metallwerke (heute: Swissmetal) sind nicht nur die wichtigste Arbeitgeberin und grösste Steuerzahlerin im Dorf – die stramm freisinnige Chefetage der Fabrik dominiert auch das politische Geschehen. «Die Gemeinde war quasi eine Filiale der Metallwerke», sagt der Zeitzeuge. Im Dorf geht nichts ohne den Segen oder gar gegen den Willen der Direktion. Selbstredend werden auch keine bekennenden Sozialdemokraten im Werk beschäftigt. So findet der Mechaniker Stich sein neues Auskommen nicht bei den Metallwerken in Dornach, sondern in Basel.

Otto Stich ist zwölfjährig, als der Krieg ausbricht. Sein Vater wird zum Grenzschutz aufgeboten, ebenso Hans, der ältere Bruder. «Bueb, lueg, dass d Familie öppis z Ässe het», sagt ihm der Vater zum Abschied. Es werden harte und entbehrungsreiche Jahre. Man pflanzt im Garten, was man zum Überleben braucht: Beeren, Obst und Gemüse. Auch Kleinvieh wird gehalten: Kaninchen und Hühner, ein Schwein. Einkommen hat die Familie praktisch keines. «Wenn die Schuhsohlen Löcher hatten, dann stopften wir uns einfach Karton in die Schuhe», erinnert sich Otto Stich. Und wenn er von jenen Tagen berichtet, dann wird der scheinbar so sachlich-nüchterne Mensch noch heute von Gefühlen überwältigt, seine dünne Stimme bricht, seine Augen werden wässrig.

Der Krieg tobt knapp zehn Kilometer von Dornach entfernt. Otto hört den Kanonendonner jenseits der Grenze. Hört das Geheul der Sirenen. Hört aus einigen Stuben im Dorf Hitlers Hassreden aus Radiolautsprechern dröhnen. «Es war», so sagt Otto Stich, «eine sehr gedrückte und bedrückende Stimmung.» Und es ist für den jungen Sozialdemokraten eine politisch sehr prägende Zeit. In Hitler-Deutschland bangen auch Sozialisten um ihr Leben. In einem Flüchtlingslager in Olten hört Otto Stich nachts die Schreie verzweifelter Menschen. Er wird sie nie vergessen. Immer wieder wird Otto Stich an die Kriegsjahre erinnern, um vor neuen, ähnlichen Gefahren zu warnen. So auch kurz vor seinem Rücktritt als Bundesrat, in Zürich, an einer Grosskundgebung gegen den Stil der SVP: «Wir können verhindern, dass billige Propaganda bei uns auf fruchtbaren Boden fällt.»

Denn jedes Ende ist ein Anfang. Wie damals, an jenem Silvester, in dieser überhängenden Wand.

Die ersten prägenden Erlebnisse

Was wir sind, wie wir fühlen, denken und handeln – das ist verknüpft mit unserer Herkunft, mit unseren Erlebnissen und Erfahrungen. Wer soziale Not durchlitten hat, kann diese Erfahrung zwar überwinden und vielleicht (mehr oder minder erfolgreich) verdrängen, aber niemals ganz vergessen. Sie wird sein Handeln stets mitbestimmen – in welcher Art auch immer. Genauso verhält es sich mit anderen prägenden Ereignissen im Leben. Mit den positiven wie mit den negativen. Mit den schönen Momenten wie mit den traurigen und schweren Tagen.

Unvergesslich bleibt für mich etwa ein Werktagabend im Jahr 1932. Ich war damals fünf Jahre alt.

Mein Vater kam von der Arbeit nach Hause. Er war verzweifelt. Die Brown Boveri & Cie. hatte soeben einen Teil ihrer Fabrik in Münchenstein geschlossen. Dort war mein Vater seit Jahren als Mechaniker tätig gewesen. Jetzt sei er arbeitslos, erklärte er uns. Arbeitslos! Ich hörte das Wort nicht zum ersten Mal. Aber erst jetzt wurde mir seine Bedeutung richtig bewusst. Mein Vater war ein arbeitsamer und pflichtbewusster Mensch, ein guter Mechaniker und engagierter Gewerkschafter. Und nun stand er, wie auch andere Arbeiter und Angestellte, vor dem Nichts. Keine Beschäftigung, kein Einkommen, keine Perspektive. «Ich weiss nicht, wovon wir in Zukunft leben sollen», sagte er. Nie zuvor und nie danach habe ich meinen Vater so niedergeschlagen erlebt wie an diesem Abend.

Warum kann jemand nicht arbeiten, wenn er doch arbeiten will? Ich konnte das damals noch nicht verstehen. Es war die Zeit der Weltwirtschaftskrise. Eine neue Anstellung zu finden, war äusserst schwierig. Eine Arbeitslosenversicherung im heutigen Sinn gab es nicht, nur eine rudimentäre Arbeitslosenfürsorge. Wer durch die Gemeinde unterstützt werden musste, also armengenössig wurde, verlor das Stimm- und

Wahlrecht. Das wollte mein Vater um keinen Preis. Er half deshalb als Handlanger bei einem Bauern. So bekamen wir wenigstens Milch und einige wenige Franken Entschädigung. Darüber hinaus mussten wir uns selbst versorgen. Zum Glück hatten wir einen grossen Garten.

Die wirtschaftliche Krise war tiefgreifend und folgenschwer. Die Schweiz zählte über 300 000 Arbeitslose – bei knapp vier Millionen Einwohnern. Vielerorts suchte man deshalb nach Möglichkeiten der Arbeitsbeschaffung. Auch in unserem Dorf, in Dornach. Arbeitslose bauten eine neue Strasse durch einen Steilhang. Mit Pickeln, Schaufeln, Stosswagen. Das Material wurde mit Pferdefuhrwerken transportiert. Das war harte Arbeit. Aber die Leute waren froh, überhaupt eine Beschäftigung zu haben.

Basel war schon damals fortschrittlicher als andere Schweizer Regionen. Der Stadtkanton kassierte den sogenannten Arbeitsrappen ein: Von jedem Franken Verdienst floss ein Rappen in die Finanzierung von Arbeitsbeschaffungsmassnahmen. So wurden grosse Werke wie die Verbreiterung der Wettsteinbrücke ermöglicht. Der Basler Arbeitsrappen schaffte einen klugen sozialen Ausgleich.

Doch die Situation war in jenen Jahren nicht nur wirtschaftlich schwierig, sondern auch politisch bedrohlich. In Deutschland kam Adolf Hitler an die Macht. Wohin das führen sollte, wusste man zunächst noch nicht. Aber man konnte es hörend erahnen – zum Beispiel bei einem Gang durchs Dorf. Aus einigen Fenstern drangen lautstark die Radioübertragungen der Hitler-Reden. Es gab einige Leute im Dorf, die mit den Nazis sympathisierten. Bald ging der Spruch herum: «Es riecht nach Krieg. Hitler hat eine neue Friedensrede gehalten.» Es war eine seltsame Stimmung, gleichsam bedrückt wie bedrückend.

Am 28. August 1939 wurde mein Vater telegrafisch zum Grenzschutz aufgeboten. Ich war damals zwölf und sehr stolz auf ihn. Darum wollte ich ihn auch unbedingt zum Sammelplatz im Dorf begleiten. Als wir an unserem Gartenzaun angelangt waren, blieb er stehen und schaute mich fragend an. «Ich will mit dir zu den Soldaten gehen», sagte ich. Er lächelte kurz und meinte: «Ich weiss nicht, wann ich wieder nach Hause komme. Siehst du die vielen Bohnen und Kartoffeln, die Beeren und das Obst? Wenn ihr diesen Winter etwas zu essen haben wollt, dann musst du dafür sorgen, dass alles rechtzeitig in den Keller kommt. Damit musst du jetzt beginnen.»

Ich war traurig und enttäuscht – gleichzeitig aber auch beglückt über das Vertrauen, das mir mein Vater schenkte. Und an Arbeit fehlte es tatsächlich nicht, wie ich erfahren sollte. Es gab viel anzupacken in Haus und Garten. Denn wir mussten, einmal mehr, als Selbstversorger unser Überleben sichern. Und dies für eine lange, bittere Zeit. Denn am 1. September brach der Krieg aus, und einen Tag später erfolgte die Generalmobilmachung der Armee.

Trotz der schwierigen Umstände habe ich eine glückliche Jugend verbracht. Ohne Fernseher und Radio blieb viel Zeit für Gespräche am Familientisch. Vermutlich ist mir die Geschichte jener Tage gerade deshalb so gut in Erinnerung geblieben. Wir diskutierten und kommentierten immer wieder die aktuellen Ereignisse. Zum Beispiel die Machtergreifung der Nazis in Deutschland und das Verbot der sozialistischen und der kommunistischen Partei. Wie konnte diese Diktatur entstehen? Uns war, auch aus eigener Erfahrung, klar: Möglich wurde sie wegen der grossen Arbeitslosigkeit infolge der Weltwirtschaftskrise. Hitler versprach den Leuten Arbeit. Diesen Zusammenhang sollte man auch heute nicht vergessen.

Nebenher studierte ich ein bisschen Geografie. Denn wir verfolgten all die Kriegsereignisse und Frontverläufe in unserem Weltatlas. Trotz der damaligen Igelstellung der

Schweiz lernte ich so die grosse weite Welt wenigstens auf der Karte kennen.

Gesundheitlich war ich nie ein Riese. Ich habe so ziemlich alle Krankheiten gehabt, die man in der Jugendzeit haben kann. Bereits die Einschulung musste warten, weil ich gerade zu Beginn des Schuljahres an einer schweren Lungenentzündung litt und deshalb für einige Monate zur Erholung in ein Kurhaus kam. Das war auf dem Balmberg, einem Jurahügel nördlich von Solothurn.

In der Primarschule gefiel es mir gut. Besonders gefordert wurde ich nicht. Dafür waren wohl auch die Klassen zu gross – wir waren deutlich über dreissig Kinder. Immerhin bekam ich recht gute Noten, ausser im Schreiben. Das wäre vermutlich auch heute noch so.

Als Kind wird man oft gefragt, was man später einmal werden will. Meine Antwort war stets die gleiche: Bauer oder Lehrer. Erst später realisierte ich, dass man wohl nicht Bauer werden kann, wenn die Familie keinen Hof besitzt. Und Knecht wollte ich wirklich nicht werden. Blieb also Lehrer. Doch einfach sollte auch das nicht sein. Der Weg zum Lehrerberuf war für ein Arbeiterkind mit vielen Hindernissen belegt.

Der Lehrer empfahl meinen Eltern, mich ins Gymnasium nach Basel zu schicken. Das taten sie dann auch. Die Wahl fiel, wen wundert's, auf das Mathematisch-Naturwissenschaftliche Gymnasium (MNG). Doch ehrlich gesagt: Wohl fühlte ich mich dort nicht. Ich war ein Aussenseiter unter all den städtischen Bürgersöhnen. Das MNG war ein Ort für Mehrbessere. Das gaben einem die Mitschüler zu verstehen, aber auch die Lehrer. War es also Glück oder Unglück, dass ich mir im Winter beim Skifahren ein Bein brach? Jedenfalls schaffte ich nach der längeren Absenz die Beförderung nicht. Ich kam zurück in die Bezirksschule in Dornach.

Damit wurde die Frage der Berufswahl umso aktueller. Noch immer wollte ich Lehrer werden. Das war ja seit Langem mein Ziel. Doch ein Bezirksschullehrer, ganz freisinnig, riet ab. Das Seminar in Solothurn sei teuer: «Das kann sich deine Familie gar nicht leisten.» Vor allem aber sei mein Vater nicht in der gesellschaftlichen Lage, mir nachher eine Stelle zu besorgen.

Ein anderer Lehrer wollte mir eine Lehrstelle als Zeichner vermitteln. Eine sonderbare Idee. Wer sollte ausgerechnet einen Lehrling mit einer solchen Schrift für einen Zeichnerberuf einstellen? Es wäre sicher ein Weg in die falsche berufliche Richtung gewesen.

Die Ratschläge waren vermutlich nicht schlecht gemeint, aber bestimmt auch politisch gefärbt. Was hatte ein Arbeitersohn an einem Seminar verloren? So trat ich nach der Bezirksschule in die Kantonale Handelsschule in Basel ein, erst in die Wirtschaftsfachklasse und dann – bis zur Handelsmatur – in die Maturitätsklasse. Die Handelsschule befand sich an der Luftmatt, ganz in der Nähe des Basler Güterbahnhofs. Sie war damals noch praktisch ein Knabeninstitut. Mädchen gab es dort nur sehr, sehr wenige. Immerhin drei waren in unserer Klasse. Zum Glück! Sie haben unserer Burschenwelt, auch intellektuell, nur gut getan.

Doch zurück in die Kriegsjahre: 1940 war für die Schweiz ein schwieriges Jahr. Am Rhein standen sich die deutsche und die französische Armee gegenüber. Gelegentlich hörten wir die Artillerieduelle jenseits der Grenze. Auch Verletzungen unseres Luftraumes waren keine Seltenheit. Das französische Verteidigungssystem mit den vielen Bunkern entlang der Grenze zu Deutschland und Italien, die sogenannte Maginot-Linie, galt als uneinnehmbar. Deshalb befürchtete man bei uns eine Umgehung dieser Verteidigungslinie durch einen Angriff über die Schweiz. Stattdessen überrollte die deutsche Armee Belgien, Holland und Luxemburg. Ausserdem trat

Mussolinis Italien in den Krieg ein. Schon nach wenigen Wochen kapitulierte Frankreich. Eine äusserst delikate Situation für die Schweiz. Sie war nun vollständig von den Achsenmächten umschlossen, war bei allen Importen und Exporten von ihnen abhängig. Mit dem Anbauplan des späteren Bundesrats Friedrich Traugott Wahlen versuchte man die Nahrungsmittelversorgung der Bevölkerung sicherzustellen. Deshalb gab es nun eine Anbaupflicht und für die Jugend den obligatorischen Landdienst.

Es wäre damals für die Schweizer Armee unmöglich gewesen, die Landesgrenzen wirksam zu verteidigen. General Guisan rief die höheren Truppenkommandanten an den Vierwaldstättersee zum historisch gewordenen Rütlirapport. Das Treffen war geheim. Es ging um eine neue Einsatzdoktrin der Armee. Der Grenzschutz blieb zwar bestehen, doch die Armee konzentrierte sich auf die Sicherung der Alpenübergänge. Das war die Geburtsstunde des Réduit. Und es war vermutlich auch die entscheidende Voraussetzung für das Überleben einer unabhängigen Schweiz.

Natürlich hatten auch die Schweizer Nazis in dieser unsicheren Zeit einigen Auftrieb, nicht zuletzt in Dornach. Lange hielt dieser allerdings nicht an. Hatten die Todesurteile gegen Landesverräter eine Wirkung? Ich vermag das nicht zu beurteilen. Gewiss viel wichtiger war der innere Zusammenhalt der Schweizer Bevölkerung im festen Willen, die Unabhängigkeit des Landes zu verteidigen und die Demokratie zu schützen.

Auch wir Burschen meldeten uns selbstverständlich zum Dienst – in der Ortswehr. Sie sollte Bewachungsaufgaben übernehmen. Das war mehr eine Demonstration guten Willens als wirkliches Bereitstehen für den Ernstfall. Nach 1941 – die deutschen Truppen hatten sich in den Feldzug nach Russland verrannt – bestand nämlich kaum mehr ein Kriegsrisiko für unser Land.

Weil das Heizöl knapp war, hatten die Schulen im Januar zusätzlich drei Wochen «Heizferien». In dieser Zeit leistete ich als Mitglied der Dornacher Ortswehr einen unbezahlten Hilfsdienst in einem Quarantänelager in Olten. Das hatte mir mein Mathematiklehrer, ein Oberst, empfohlen. Im Lager waren vor allem fahnenflüchtige deutsche Soldaten einquartiert. Sie blieben hier, bis sicher war, dass sie keine Krankheit hatten. Ich half in der Küche aus, verteilte das Essen. Ich schlief zusammen mit der Wachmannschaft im gleichen Raum wie die Internierten. Gespräche gab es kaum. Doch in der Nacht hörten wir immer wieder Internierte aufschreien, wenn sie im Traum ihre Kriegserlebnisse verarbeiteten. Ich werde diese Schreie nie vergessen.

Später kam der obligatorische Dienst in der Kriegsfeuerwehr hinzu. Denn auch während einer Mobilmachung sollte die Feuerwehr einsatzfähig bleiben. Und während der Erntezeit wurden wir zur Flurwache aufgeboten; sie hatte sicherzustellen, dass von den Feldern – angesichts der Knappheit und Rationierung der Nahrungsmittel – nichts gestohlen wurde. Ob es etwas genützt hat, weiss ich nicht. Wir haben jedenfalls nie einen Dieb erwischt.

Die Winter während des Krieges waren sehr hart. Trotzdem habe ich auch schöne Erinnerungen an die kalten Tage. Ein besonderes Erlebnis war für mich die Teilnahme am ersten Schweizer Jugendskilager; es fand 1941 im Engadin, in Pontresina, statt und wird seither alljährlich vom Schweizerischen Skiverband organisiert. Einige Hundert Glückspilze werden ausgelost und können gratis an dieser Sportwoche teilnehmen. Damals war ich einer der Glücklichen.

Allein die Hinreise im Zug war einmalig. Es war die längste Reise meiner ganzen Jugendzeit. In Pontresina lag meterhoch Schnee, das Thermometer zeigte tiefe Minustemperaturen, und es schneite unentwegt. Das tat unserem Vergnügen keinen Abbruch. Am Morgen übten wir uns im

Skifahren. Am Nachmittag machten wir Skitouren. Zum Beispiel zur Bovalhütte auf dem Berninamassiv oder über den tief verschneiten Silsersee in Richtung Maloja. Deshalb bereitete uns auch das Schlafen keine Mühe. Wir legten uns todmüde auf das Stroh in der Eingangshalle des Hotels Schweizerhof und schliefen wie die Murmeltiere.

Wenn ich an die damaligen Winter zurückdenke, so wird mir die inzwischen eingetretene Veränderung des Klimas besonders deutlich bewusst. Wir konnten damals noch während Tagen und Wochen am Schlosshang in Dornach oder in der Tüfleten unterhalb von Hochwald schlitteln und skifahren und am Abend durch das verschneite Dorf bis nach Hause gleiten. Heute erinnert meist nur noch die Tafel «eingeschränkter Winterdienst» an den Winter.

Da es damals kaum Autos gab – es waren fast nur die Ärzte, die eine Fahrbewilligung und einen Wagen hatten –, führten die SBB für die Skifahrer jeden Sonntag im Winter einen Extrazug von Basel nach Malleray im Jura. Von hier ging es dann mit eigener Kraft auf den Moron, bei guten Schneeverhältnissen auch über den Graitery, den Oberdörferberg und den Mont-Raimeux. Das ist heute als Skitour kaum mehr möglich. Die knapp 1300 Meter hohen Bergrücken sind nur noch selten mit Schnee bedeckt. Und im Tal bleibt höchstens Schneematsch liegen.

Die gleiche Veränderung zeigt sich, in anderen Bildern, in der Sommerlandschaft. Zum Beispiel an den Obstbäumen. Als Kind pflückte ich gerne Kirschen. Ich lebte diesbezüglich in einem Paradies. Dornach war dank seiner sonnigen Lage bekannt für die frühen «Chiersi»; entsprechend gross war der Kirschbaumbestand. Jetzt ist viel Land überbaut. Die prächtigen Bäume verschwinden.

Der Einstieg in die Politik

Während meines Studiums der Volkswirtschaft und der Finanzwissenschaften an der Universität Basel hatte ich das Lehrerseminar besucht und als Handelslehrer abgeschlossen. Ich war Werkstudent, musste mir das Studium also zu einem grossen Teil selbst finanzieren. Deshalb übernahm ich in dieser Zeit einige Stellvertretungen als Lehrer an der Allgemeinen Gewerbeschule in Basel. Ich erinnere mich, wie ich dort einmal eine Schulklasse zugewiesen erhielt, die partout keine der Lehrpersonen haben wollte, weil sie als ausgesprochen schwierig galt. Als die erste Stunde beendet war und ich die Schulzimmertür öffnete, stand denn auch der Direktor davor und fragte besorgt, wie es gelaufen sei. «So weit ganz gut», antwortete ich – und so sollte es auch bleiben. Ich unterrichtete wirklich gerne, auch wenn die Schüler zuweilen fordernd waren. So blieb ich auch 1955, nach dem Doktorat, bei dieser Schule. Ausserdem überlegte ich mir, ob ich mich auf das Revisorenexamen vorbereiten sollte.

Aktiv in die Politik kam ich per Zufall. In Dornach war gerade die SP-Vertretung in der Rechnungsprüfungskommission vakant. Die Partei bat mich, diese Aufgabe zu übernehmen. Ich willigte ein, da mir dieses Amt auch für meinen Beruf eine gewisse Praxis versprach. In dieser Kommission war ich nicht nur das jüngste, sondern damals auch das einzige neue Mitglied.

Ich sollte vieles lernen – in der sogenannten kleinen Politik. An unserer ersten Sitzung orientierte uns der Präsident der Kommission über den Stand der Dinge. Seit den Beanstandungen bei der letzten Rechnung sei alles beim Alten geblieben, nichts korrigiert und nichts verbessert worden. Deshalb schlug er vor, dem Gemeinderat unser Befremden auszudrücken und eine Aussprache zu verlangen. Der Brief sollte von allen Kommissionsmitgliedern unterzeichnet werden. Das entsprach zwar nicht den Usanzen, und zudem war ich neu im Gremium. Ich unterschrieb trotzdem.

Unsere Kommission wurde vom Ammann tatsächlich zu einer Besprechung eingeladen. Der Delegation des Gemeinderates gehörte – Ironie des Schicksals! – auch mein Vater als Statthalter an. Der Vorsitzende kam sofort zur Sache und rügte den Brief unserer Kommission. Amtliche Schriften würden immer nur durch den Präsidenten und den Aktuar unterzeichnet. Zudem habe einer unterschrieben, der im vergangenen Jahr noch nicht einmal der Kommission angehört habe. Diese Bemerkung war natürlich auf mich gemünzt. Ich erklärte, ich könne den Einwand zwar verstehen, doch es mache keinen Sinn, einer Rechnungsprüfungskommission anzugehören, wenn deren Einwände völlig unbeachtet blieben; nur darum hätte ich unterschrieben. Das sei nicht logisch, antwortete der Vorsitzende. Ich legte nach, nicht über Logik diskutieren zu wollen, sondern über Fakten. Darauf entzog mir der Ammann das Wort. Deshalb stand ich auf und verliess die Sitzung.

Die Sache sollte ein Nachspiel haben. In der sozialdemokratischen Solothurner Zeitung «Das Volk» beschrieb ich meine Erlebnisse. Titel des Artikels: «Der Diktator». Das war drastisch formuliert, im Kern aber sicher nicht falsch.

In der Zeit nach dem Krieg wurde in unserer Gemeinde zwar ausgiebig geplant, aber praktisch nichts realisiert. Nur private Bauaktivitäten gab es viele. Gleichzeitig nahm der Autoverkehr stark zu. Doch für diese Entwicklung war das Strassennetz ungenügend. Es musste dringend saniert und ergänzt werden.

Der Ammann war eher ein Vertreter der Metallwerke als der Gemeinde. Er wollte um jeden Preis eine Steuererhöhung zugunsten einer besseren Infrastruktur verhindern. Das konnte er, solange die Freisinnigen und damit auch die

Metallwerke eine dominierende Mehrheit im Gemeinderat hatten. Für die SP war daher klar: Sie wollte und musste 1957 im Kampf um die Führung der Gemeinde antreten. Dafür kamen letztlich zwei Personen in Frage: mein Vater und ich. Wir durften, gleichsam «en famille», darüber selbst entscheiden. Mein Vater verzichtete zu meinen Gunsten.

Zu einer Kampfwahl um das Ammannamt kam es allerdings nicht. Bei den Gemeinderatswahlen erzielte ich klar das beste Resultat. So wurde ich, ohne Gegenkandidat, erster und bisher einziger sozialdemokratischer Ammann von Dornach.

Das also war mein Einstieg in die Politik: die klassische, wenngleich schnelle «Ochsentour». Vier Jahre nach der Übernahme eines bescheidenen Mandats in der Rechnungsprüfungskommission war ich bereits Ammann von Dornach. Es war eine spannende und hektische Zeit. Auch bei den Kantonratswahlen im gleichen Jahr sollte ich kandidieren – weil sich die Partei ein paar zusätzliche Stimmen erhoffte. Glücklicherweise wurde ich als Listenfüller nur erster Ersatzmann. Eine Wahl hätte mir damals einige berufliche Schwierigkeiten bereitet.

Die Krönung jener Zeit war für mich jedoch etwas ganz anderes, sehr Persönliches: unsere Heirat. Sie fand im Sommer 1957 statt. Trudi Stampfli, meine Frau, entstammt einem freisinnigen, im guten Sinne liberalen Haus; ihr Vater war Gerichtsschreiber am Amtsgericht Dorneck-Thierstein. Ich erinnere mich lebhaft, wie ich vor meinem künftigen Schwiegervater stand und um die Hand seiner Tochter anhielt. Ich war so aufgeregt, dass ich mir die brennende Pfeife in die Vestontasche steckte, wo sie kräftig zu rauchen begann – wie ein Zeichen glühender Liebe.

Ich hatte Trudi auf dem Weg zur Handelsschule, die sie ebenfalls besuchte, kennengelernt. Es war der Beginn einer tiefen Verbundenheit. Wohin mich meine berufliche und politische Laufbahn später führen sollte – ohne die Unterstützung und das liebevolle Verständnis meiner Gattin wäre es nicht zu erreichen gewesen.

Auf unserer Hochzeitsreise fuhren wir zuerst für einige Tage ins Wallis, anschliessend nach Schweden. Das skandinavische Land hatte schon immer meine Sympathie. Nicht nur aus politischen Gründen: Ich mag keine heissen Temperaturen.

Die Lehren aus der Dorfpolitik

Es war ein später Abend, als wir von unserer Hochzeitsreise zurückkehrten. Unsere Wohnung war noch nicht bezugsbereit; ich begleitete meine Frau zu den Schwiegereltern. Danach ging ich in mein Elternhaus. Mein Vater war noch nicht daheim. Die bisherigen und die neu gewählten Gemeinderäte hatten sich an diesem Abend zur Amtsübergabe getroffen. Ich machte mich deshalb ebenfalls noch auf den Weg ins Wirtshaus, um die abtretenden Mitglieder zu verabschieden und die neuen Kollegen zu begrüssen. Es war bereits nach Mitternacht, die Polizeistunde war vorbei. Als ich in der Gaststube ankam, notierte die Polizei gerade die Personalien der Gäste für die Verhängung der Bussen. So kam ich zu meinem ersten Strafzettel. Ich wollte natürlich nicht auf das kleine Fest verzichten.

Dann kam die Arbeit. Plötzlich war alles drängend. Das neue Budget zeigte, dass die Steuern um zehn Prozent erhöht werden mussten. Ich stellte dem Gemeinderat einen entsprechenden Antrag. Die freisinnige Fraktion machte ihre Zustimmung aber abhängig vom Einverständnis der Metallwerke.

Ich ersuchte die Direktion um eine Aussprache. Als ich mich an der Fabrikpforte meldete, kam ein leitender Angestellter vorbei. Er giftete, sie bräuchten keine Hilfsarbeiter.

Ich liess mich nicht aus der Ruhe bringen. Im Sitzungszimmer legte ich der Direktion die dringlichsten Aufgaben dar. Es wurde keine Frage gestellt und kein Einwand erhoben. Der einzige in Dornach wohnhafte Direktor, der zugleich freisinniger Parteipräsident war, hatte für eine Steuererhöhung wie erwartet kein Verständnis. Er musste aber eingestehen, dass ein gewisser Nachholbedarf in der Infrastruktur bestand. Ich verwies auf die Konsequenzen: Um die dringend nötigen Vorhaben realisieren zu können, hätte sich die Gemeinde verschulden und schliesslich die Steuern erhöhen müssen, nur um die Schuldzinsen zu begleichen. Einem solchen Vorgehen konnte ich nicht zustimmen.

Schliesslich ergriff Direktionspräsident Fritz Halm, der spätere Schweizer Arbeitgeberpräsident, das Wort. Er habe meinen Ausführungen aufmerksam zugehört und bei keinem Projekt gefunden, dass es nicht nötig sei. Er teile meine Einschätzung: Es bestehe ein beachtlicher Nachholbedarf. Deshalb würden die Metallwerke bezüglich der Steuererhöhung nicht opponieren. Wenn sich die Gemeinde nicht den Erfordernissen der Zeit anpassen könne, werfe dies auch ein schlechtes Licht auf das Unternehmen.

Das war für mich eine grosse Erleichterung, und es war auch ein Wendepunkt in der Dorfpolitik. Die Freisinnigen konnten sich nicht mehr ohne weiteres auf die Unterstützung der Metallwerke verlassen. Stichhaltige Argumente wurden wichtiger als die reine Macht.

Doch es gab für mich, den jungen und ungeduldigen Ammann, noch viele «Lehrplätze». Das Budget war zwar rasch erstellt. Wegen vieler hängiger Geschäfte konnte die Gemeindeversammlung jedoch erst im Januar stattfinden. So kam es, dass ich «meine» erste Gemeindeversammlung ausgerechnet an meinem 31. Geburtstag zu leiten hatte. Die Traktandenliste war mit 21 Geschäften reich befrachtet und die Versammlung ausserordentlich gut besucht. Sie dauerte bis Mitternacht. Alle Anträge des Gemeinderates wurden angenommen.

Abstimmungen zu gewinnen, war das eine. Die Umsetzung der Ideen zur Entwicklung des Dorfes war weit schwieriger. Dabei prallten die unterschiedlichsten Interessen aufeinander. Das wichtigste Anliegen war mir die Sicherung des nötigen Bodens für Gemeindebauten – für eine Sportanlage, ein Schulhaus, für die Friedhoferweiterung, für bessere Strassen ... Wir bezahlten für den Quadratmeter nie mehr als 23 Franken. Notfalls boten wir Realersatz an.

So auch einmal im Gebiet Schlatt, direkt gegenüber einer Kehrichtdeponie. Letztere wollten wir aufheben und gleichzeitig einen Bachgraben auffüllen, um hier später einen Sportplatz anzulegen. Für die Zufahrt brauchten wir ein Stück Land. Dem Eigentümer schlugen wir einen Abtausch mit Bauland vor, wobei wir das zu erwerbende Areal mit 6 Franken, das von uns als Gegenleistung offerierte Bauland mit 20 Franken einschätzten.

Mit dem Abtausch war der Landbesitzer zufrieden, nicht aber mit der Bewertung. Die kantonale Schatzungskommission bestätigte unsere Berechnung zwar. Doch der Anwalt des Landbesitzers zog die Angelegenheit ans Obergericht. Dort vertrat ich die Gemeinde und musste Rede und Antwort stehen. Offensichtlich hatte man den Richtern gesagt, dass in letzter Zeit auch Bodenpreise von 30 bis 35 Franken bezahlt worden seien. Das konnte ich nicht bestreiten, wies aber darauf hin, dass höhere Preise nur in guten Wohnlagen erzielt wurden. Das sei hier nicht der Fall.

Die Sitzung war rasch vorbei. In der Urteilsberatung fanden die Oberrichter, ein Preis von 30 bis 35 Franken sei angemessen. Als der Präsident das Urteil verkündete, musste ich schmunzeln. Das erstaunte den Gerichtsschreiber. Wie ich nach dem verlorenen Prozess so zufrieden sein könne, wollte er wissen.

Der Grund war folgender: Das Gericht hatte der Gemeindekasse soeben einige Zehntausend Franken zugeschlagen. Denn die Richter hatten das Land der Gemeinde fast doppelt so hoch bewertet, aber das Grundstück des Klägers auf dem ursprünglichen Wert belassen. Und statt das Land ohne Aufpreis tauschen zu können, musste der Kläger jetzt über 40 000 Franken an die Gemeinde abliefern. Damit konnten wir auch die Urteilsgebühr von 1000 Franken für den «verlorenen» Prozess problemlos bezahlen.

Als Dorfpolitiker ist man vor allem Praktiker. Man erfährt viel über die Arbeitsabläufe in Amtsstellen des Kantons oder des Bundes. Ein typisches Beispiel ist mir aus den sechziger Jahren in Erinnerung geblieben. Die Nachbargemeinde Gempen hatte während einer Trockenperiode kein Trinkwasser mehr. Zuerst transportierten wir einfach Wasser den Berg hinauf, ins Reservoir. Doch der Speicher war bereits wieder leer, bevor der zweite Tankwagen dort ankam. So ging es also nicht. Wir versuchten es mit der Feuerwehr. Sie hatte aber keine geeigneten Transportleitungen, ihre Schläuche waren zu dünn.

Zum Glück war gerade eine Luftschutzkompanie für den Wiederholungskurs in Dornach einquartiert. Den Kommandanten kannte ich von einem Lehrerfortbildungskurs. Und so fragte ich ihn, ob seine Soldaten eine Transportleitung legen könnten. Das taten sie dann auch. Die Leitung funktionierte tadellos.

Doch die Trockenheit dauerte länger als der WK. Die Leitung konnte nicht bleiben. Sie musste mit dem übrigen Armeematerial abgeliefert werden. Über das Material konnte angeblich nur Major Sowieso beim Militärdepartement in Bern verfügen. Als ich ihn nach dem x-ten Versuch endlich am Telefon erreichte, belehrte er mich in militärischem Ton, ein solches Gesuch sei beim EMD schriftlich einzureichen. Doch dafür hatte ich nun wirklich keine Zeit; wir brauchten das Trinkwasser sofort.

Ich rief den Chef der Berufsfeuerwehr in Basel an und fragte, ob wir Transportleitungen mieten könnten. Er war bereit, das benötigte Material zur Verfügung zu stellen. Von einer Bezahlung wollte er nichts wissen. Das sei eine willkommene Gelegenheit, die alten Leitungen des Zivilschutzes einem längeren Härtetest auszusetzen. Dann erkundigte er sich noch nach der zu überbrückenden Strecke. Nach einem Blick auf die Karte schlug er vor, sich um 10 Uhr beim Schlosshof in Dornach zu treffen. Ich war nicht wenig erstaunt, als bei meiner Ankunft die Rohre schon bereit lagen. Und noch bevor die Armee ihr Material vollständig zusammengeräumt hatte, war die neue Leitung in Betrieb.

Der Kommandant der Luftschutzkompanie und der Chef der Feuerwehr hatten nicht auf Zuständigkeiten verwiesen oder auf Befehle gewartet, sondern gehandelt und geholfen. Ist das vielleicht auch der Unterschied zwischen Miliz- und Berufsarmee? Der Milizsoldat ist gewohnt, selbst zu denken – der Berufssoldat wird dazu erzogen, Befehle auszuführen.

Bei den Erneuerungswahlen nach acht Jahren schaffte ich die Wahl als Ammann nicht mehr. Mein Gegenkandidat lag drei Stimmen über dem absoluten Mehr, ich vier Stimmen darunter. Nach der Bekanntgabe des Resultates ging ich mit meiner Familie im Dorf spazieren. Ich brauchte mich nicht zu verstecken. Schliesslich hatte ich für die Gemeinde und für die Bevölkerung das getan, was notwendig war; ich richtete mich nicht nach dem, was vielleicht nützlich gewesen wäre für eine Wiederwahl. Und ewig wollte ich ohnehin nicht nebenamtlicher Ammann bleiben (erst nach meiner Zeit wurde diese Funktion zum gut bezahlten Vollamt). Alles in allem hatte mir die Aufgabe Spass gemacht. Und gelernt hatte ich einiges.

Die knappe Wahl in den Nationalrat

Schon zwei Jahre nach meiner Wahl zum Gemeindeammann erhielt ich erstmals die Gelegenheit, für den Nationalrat zu kandidieren. Die Partei dachte wohl, ich könnte ihr einige Stimmen bringen. Eine wirkliche Chance gegen die beiden Bisherigen hatte ich aber nicht.

Vier Jahre später sah es anders aus. Als «Schwarzbube» blieb ich zwar Aussenseiter. Doch die Voraussetzungen waren andere. Am gleichen Tag stand nämlich der SP-Nationalrat – und spätere Bundesrat – Willi Ritschard auch für den Solothurner Regierungsrat zur Wahl. Er hatte angekündigt, als Nationalrat zurückzutreten, falls er Regierungsrat werden sollte. Das drängte sich tatsächlich auf. Der zweite Regierungsrat der SP, Werner Vogt, war nämlich bereits Ständerat. Zwei Regierungsräte konnten nicht gleichzeitig in Bern sein, sonst wäre die Partei während der eidgenössischen Sessionen überhaupt nicht mehr in der Regierung vertreten gewesen.

An diesem Wahlabend im Herbst 1963 sass ich mit einigen Parteifreunden im Dornacher «Engel». Ich wurde ans Telefon gerufen. Der Solothurner Staatsschreiber gratulierte mir «provisorisch» zur Wahl. Provisorisch? Ich hatte, gemäss einer ersten Auszählung, nur 48 Stimmen Vorsprung auf den zweitplatzierten Kandidaten. Deshalb wollte man die Wahlzettel noch einmal kontrollieren. Der Staatsschreiber empfahl mir, mit dem Feiern zuzuwarten. Ich konnte ihn beruhigen; am nächsten Morgen musste ich ab 7 Uhr in der Schule unterrichten, ich konnte mir keinen Kater leisten.

Am folgenden Montag kam mir ein ziemlich besorgter Schuldirektor entgegen. Er hatte von meiner mutmasslichen Wahl erfahren und festgestellt, dass man bei der Gesetzgebung offenbar nicht damit gerechnet hatte, dass ein Lehrer der Gewerbeschule Nationalrat werden könnte. Deshalb sei die Stellvertretung bei Basler Grossräten geregelt, nicht aber bei Nationalräten.

Von der Entschädigung eines Nationalrats konnte man damals kaum leben. Sie betrug 64 Franken am Tag, zuzüglich Spesen von 30 Rappen pro Reisekilometer. Eine pauschale Abgeltung gab es nicht, auch keine Unterstützung für das Übernachten in Bern. Allfällige Stellvertretungskosten konnte ich davon unmöglich bezahlen.

Ich erklärte dem Schuldirektor, wenn es keine Lösung gebe, müsse ich mir eben eine andere Stelle suchen oder auf das Mandat verzichten. Er versprach, mit dem Erziehungsdirektor zu reden.

Eine knappe Stunde später erreichte mich aus Solothurn die Meldung, bei der Überprüfung der Wahlzettel sei mein Vorsprung auf 24 Stimmen zusammengeschmolzen. Darum sei eine erneute Nachkontrolle nötig. Diese war kurz vor Mittag beendet. Der Staatsschreiber rief mich an und gratulierte mir, nun definitiv, zur Wahl. Ich hatte noch ganze zwölf Stimmen Vorsprung und war damit der erste Nachrückende auf der Liste nach dem absehbaren Rücktritt von Willi Ritschard.

Sollte ich mich freuen? Im Moment waren die Sorgen grösser als die Freude. Wie liess sich unser Einkommen sichern? Musste ich mir tatsächlich eine neue Stelle suchen? Der liberale Basler Erziehungsdirektor Peter Zschokke setzte der Ungewissheit ein Ende: Wenn ein Mitarbeiter ins eidgenössische Parlament gewählt werde, sei dies ja auch eine Auszeichnung für den Arbeitgeber, und man müsse deshalb ermöglichen, dass das Amt auch ausgeübt werden könne.

Meine Probleme waren fürs Erste gelöst. Denn eine neue Stelle zu finden – das ist rascher gesagt als getan. Wer will schon einen Nationalrat einstellen, der oft weg ist, wenn er am Arbeitsplatz benötigt wird? Es erstaunt mich nicht, dass es immer schwieriger wird, qualifizierte Leute für nebenamtliche öffentliche Aufgaben zu begeistern. Viele sorgen sich um ihren Arbeitsplatz und wollen dort ihren vollen Einsatz leisten. Sie brauchen Arbeitgeber, die das Interesse an öffentlichen Aufgaben würdigen und einen nebenamtlichen Einsatz für das Gemeinwohl ermöglichen.

Eine solche Arbeitgeberin fand ich 1970: die Coop-Gruppe. Sie stand damals vor einer grossen unternehmerischen Herausforderung. Sie hatte an Konkurrenzfähigkeit eingebüsst und sollte vollständig neu organisiert werden. Ich übernahm die Leitung der zentralen Personalpolitik. Wie notwendig der Umbau war, zeigt die Tatsache, dass damals noch 296 selbständige Coop-Genossenschaften existierten. Bei meiner Wahl in den Bundesrat gab es noch deren 40. Heute ist es *eine* Unternehmung.

Der Machtwechsel in der Fraktion

Das Jahr 1971 war ein politisch spannendes Jahr. Die Schweizer Frauen wurden stimm- und wahlberechtigt. Damit war eines der zentralen Postulate des Generalstreiks von 1918 endlich verwirklicht. Der Einsatz für solche Anliegen hatte damals, zur Zeit des Landesstreiks, führende Genossen noch ins Gefängnis gebracht. Und gegen die Streikenden war nicht nur die Polizei, sondern auch die Armee mit Waffengewalt vorgegangen. Die Zeiten ändern sich, auch wenn es gelegentlich lange dauert.

Mit der Einführung des Stimm- und Wahlrechts für Frauen ergaben sich jedoch keine wesentlichen Änderungen bei der Verteilung der Mandate. Das war so zu erwarten gewesen. Persönlich interessierte mich, wie die Wählerinnen und Wähler auf meinen Berufswechsel reagierten. Doch auch hier war nichts Spezielles auszumachen, obwohl in einer

Zeitung noch kurz vor den Wahlen ein Artikel erschien, der meine Abwahl voraussagte. Vermutlich hat er mir eher geholfen als geschadet.

Dennoch gab es einige Änderungen in der Partei. So fand in der SP-Fraktion ein Machtwechsel statt. Verschiedene ältere Genossen hatten auf eine erneute Kandidatur verzichtet. Überraschend wurde auch Fraktionspräsident Edmund Wyss nicht mehr in den Nationalrat gewählt; ein Streit in der Basler Partei hatte ihn um die nötigen Stimmen gebracht.

In der Politik ist es manchmal wie mit einem Puzzle. Je mehr Einzelteile man zusammenfügt, desto deutlicher erkennt man ein Gesamtbild.

Aus Vorgesprächen wusste man, wer im Fraktionspräsidium Nachfolger von Edmund Wyss, dem Basler Regierungsrat, werden sollte: der Luzerner Regierungsrat Toni Muheim. So kam es auch. Er wurde von der Fraktion einstimmig gewählt.

Unmittelbar nach dieser Präsidentenwahl musste ich kurz die Fraktionssitzung verlassen. Als ich die Tür öffnete, fiel mir der Ringier-Journalist Frank A. Meyer fast in die Arme. Ich fragte, ob es interessant sei, an der Tür zu lauschen. Er wolle nur wissen, wer Fraktionschef geworden sei, war seine Antwort. Das sei doch keine Frage, sagte ich. Meyer tippte auf den Berner Nationalrat Richard Müller. Auf meine Feststellung, von Richard Müller spreche niemand, wollte Frank A. Meyer wissen, ob Müller denn nicht vorgeschlagen worden sei. Ich stillte seinen Wissensdurst und orientierte ihn über die einmütige Wahl von Toni Muheim.

Auf dem Weg zurück in die Fraktion ging mir dieses seltsame Gespräch durch den Kopf. Was mochte dahinterstecken? Wer sollte Richard Müller vorschlagen? Am ehesten vielleicht ein neues Mitglied der Fraktion. Im Sitzungszimmer wählte ich den Weg zu meinem Platz so, dass ich bei

Hedi Lang vorbei kam. Die neugewählte Zürcher Nationalrätin konnte ich unbefangen fragen. Sie hatte ihren Mann Erwin A. Lang auf der SP-Liste abgelöst; mit ihm hatte ich mich sehr gut verstanden. Und so fragte ich sie: «Hedi, hättest du Richard Müller als Fraktionschef vorschlagen sollen?» Verblüfft fragte sie zurück: «Woher weisst du das?»

Gemeinsam verliessen wir die Sitzung, und sie erklärte mir die näheren Umstände. Eines Tages habe der Basler Nationalrat Andreas Gerwig sie angerufen; er habe sie im Namen einer Gruppe von Genossen gebeten, Richard Müller als Fraktionschef zu portieren. Sie sei so überrascht gewesen, dass sie nicht einmal spontan habe «Nein» sagen können. Nach kurzem Überlegen aber sei ihr klar geworden, dass ein neues Mitglied wohl kaum einen Fraktionschef vorschlagen sollte. Um ganz sicher zu sein, habe sie ihren Mann Erwin orientiert. Er habe sie in ihrer Meinung bestätigt, den Vorschlag nicht zu machen, sonst sei sie politisch abgeschrieben.

Zwischen Hedi Lang und mir entwickelte sich in der folgenden langjährigen Zusammenarbeit ein gutes Vertrauensverhältnis. Wir verstanden uns bestens, persönlich wie politisch, und tauschten uns gerne aus. Zu ihren Gunsten verzichtete ich später auch auf eine Kandidatur für das Nationalratspräsidium – es war ohnehin Zeit für die Wahl einer Frau.

Enttäuscht war ich jedoch über das Vorgehen jener Gruppe von Genossen, die es nicht für nötig hielt, ihre Interessen in einer offenen Diskussion durchzusetzten. Bahnte sich hier eine 68er Kultur auf politischer Ebene an? Es war das erste Wirken der später als «Viererbande» bezeichneten Gruppe um die Genossen Andreas Gerwig, Helmut Hubacher, Lilian Uchtenhagen und Walter Renschler. Ein kleiner elitärer, machtversessener Zirkel. Er logierte kaum je im einfachen Volkshaus, dem heutigen «Hotel Bern». Dort sassen wir «Volkshäusler», für manche die «Volkshausmafia».

Von 1970 bis 1974 war der Aargauer Parteikollege Arthur Schmid Präsident der SP Schweiz. In dieser Zeit war ich ebenfalls Mitglied der Geschäftsleitung. Ein wichtiges Anliegen war mir schon damals die Steuerharmonisierung. 1971 reichte ich eine entsprechende Einzelinitiative ein. Sie wurde zwar vom Parlament abgelehnt. Da jedoch die Ungleichheiten und die damit verbundenen Ungerechtigkeiten immer grösser wurden, bereiteten wir in der Wirtschafts- und Finanzpolitischen Kommission der SP eine Volksinitiative vor. Ich vertrat sie 1973 am Parteitag in Biel. Die Vorschläge wurden akzeptiert, das Begehren wurde aber leider umgetauft in «Reichtumsteuer-Initiative», obwohl die Eidgenossenschaft gar keine Vermögenssteuern kennt.

Die Initiative brachte einiges in Bewegung. Unmittelbar nach der Einreichung, noch in der Wandelhalle des Bundeshauses, gratulierte mir der damalige Chef der Steuerverwaltung, Kurt Locher: Wenn diese Initiative angenommen werde, seien die Probleme der Steuerverwaltung gelöst. Doch leider habe er, Locher, vom Bundesrat den Auftrag erhalten, eine Botschaft zur Ablehnung vorzubereiten – immerhin mit einem Gegenvorschlag.

In der Volksabstimmung schnitten wir relativ gut ab. Über 44 Prozent der Schweizerinnen und Schweizer stimmten für die Initiative und damit für eine Steuerharmonisierung. Vermutlich hätte das Anliegen gar eine Mehrheit gefunden, wenn ein Teil der SP nicht zu sehr mit sich selbst beschäftigt gewesen wäre, vor allem mit der Diskussion über Selbstverwaltung und das jugoslawische Modell unter Tito. Doch unsere Arbeit unter dem Präsidium von Arthur Schmid sollte sich lohnen: 1975 erreichte die SP das beste Wahlergebnis seit 1945.

Die selbstverwaltete Partei

Die Zürcher Unruhen von 1968 habe ich nicht direkt erlebt. Ich war damals nur selten in Zürich. So verdankte ich meine Kenntnisse primär den Medien. Das Ausmass der Proteste verwunderte mich, die Vehemenz der Opposition gegen den Staat. Kein Zweifel: Auch in Demokratien passieren Fehler. Doch sie lassen sich mit demokratischen Mitteln korrigieren. Die Unzufriedenheit mit dem Staat, den Behörden und den Parteien, wie sie sich 1968 entlud, war und blieb mir fremd.

Die Unzufriedenen waren keineswegs nur Linke, sondern auch Rechte. Was war die Ursache? War es der grosse Zuzug von ausländischen Arbeitskräften oder die starke, an die Zeit des Zweiten Weltkriegs erinnernde Abschottung der Schweiz im Kalten Krieg? Es kamen gewiss mehrere Faktoren zusammen.

Der wirtschaftliche Einbruch zu Beginn der siebziger Jahre reduzierte zwar die Demonstrationsfreude. Doch es brodelte natürlich weiter. Davon blieb auch die Sozialdemokratische Partei nicht verschont. Ein erster, deutlicher Hinweis war die Forderung nach neuen Statuten am Parteitag von 1975. Wichtigstes Traktandum war jedoch die Wahl eines neuen Präsidenten. Gewählt wurde der Basler Nationalrat Helmut Hubacher.

Seit fünf Jahren präsidierte ich damals die Wirtschafts- und Finanzpolitische Kommission der SP. Nach dem Wechsel in der Parteiführung durfte ich der Presse entnehmen, «meine» bisherige Kommission sei in eine Wirtschaftspolitische und eine Finanzpolitische Kommission aufgeteilt worden. In diesen Kommissionen war ich nicht mehr Präsident, nicht einmal mehr Mitglied; ich wurde schlicht und einfach ausgebootet.

Die Geschäftsleitung setzte daraufhin eine zusätzliche Arbeitsgruppe ein, die ein neues SP-Wirtschaftsprogramm zu entwerfen hatte. Es erschien im Frühjahr 1980 und trug den Titel «Wirtschaftskonzept/Selbstverwaltung». Dieses Programm sollte an einer parteiinternen Arbeitstagung behandelt werden, als Vorbereitung für den Parteitag. Obwohl oder gerade weil ich das Konzept als untauglich erachtete, nahm ich an der Versammlung teil. Sie war nicht sehr gut besucht. Mir fiel besonders die Absenz der Parteileitung auf. Wollte sie damit ihr Vertrauen in die Selbstverwaltung demonstrieren?

Falls ja, dann sollte dies in meinen Augen gründlich missraten. Zuerst sprach der Politologe und Philosoph Arnold Künzli über «Selbstverwaltung als gesellschaftsbestimmendes Prinzip». Anschliessend referierte ein mir bis dahin unbekannter Wirtschaftswissenschafter Peter Luder zum Thema «Selbstverwaltung und demokratische Rahmenplanung». Danach war ein Ko-Referat eines Romands angesagt. Er war natürlich ebenfalls ein Befürworter der Selbstverwaltung.

Das also sollte Selbstverwaltung sein: Wenn jeder in seinen Illusionen schwelgt und dabei glaubt, er habe Visionen. Um wenigstens eine Auseinandersetzung zu ermöglichen, ergriff ich das Wort. Die Selbstverwaltungsidee sei nach meiner Meinung ein Weg ins Chaos und setze die Zerstörung der demokratischen Institutionen voraus.

Die Jugend wollte mehr Mitsprache, aber sie wollte dies auf dem falschen Weg. Denn Mitsprache setzt Sachkenntnis voraus und auch die Bereitschaft, eine offene und kritische Diskussion zu führen. Diese verlief in unserer Versammlung auf bescheidenem Niveau. Erwähnt sei etwa das Votum einer jungen Teilnehmerin, die einleitend feststellte, man merke, dass ich «gegen die 60» gehe. In diesem Punkt gab ich ihr Recht, schliesslich sei ich 51, doch alles andere sei ziemlich schief … Und schliesslich habe sie übersehen, dass auch sie gegen die 60 gehe, nur dauere es noch länger bis dahin.

Der ideologische Streit schwächte die Sozialdemokratische Partei für mehrere Jahre. Das zeigten bereits die Wahlen von 1979, als die SP in vielen Kantonen, aber auch gesamtschweizerisch Stimmen verlor. Gleichzeitig ging die Zahl der Abonnenten sozialdemokratischer Blätter zurück. In dieser Zeit merkte man in der Öffentlichkeit kaum etwas von einer Führung der Partei; möglicherweise funktionierte sie bereits nach dem System der Selbstverwaltung.

Das vorgelegte Programm zur Selbstverwaltung stiess im Parteivorstand zwar auf starken Widerstand; der Luzerner Toni Muheim beantragte Ablehnung. Trotzdem wurde es genehmigt, und man beschloss, es an die Sektionen zu verschicken. Hier wollte ich etwas gegensteuern: Ich verfasste eine Stellungnahme gegen jenes Programm und verschickte sie vertraulich an alle Fraktionsmitglieder. Das Echo war positiv. Allerdings weniger bei Helmut Hubacher. Er schrieb in seiner Antwort, Geschäftsleitung und Parteivorstand hätten das Projekt sehr kritisch zur Kenntnis genommen; solche Entwürfe würden jedoch immer zur Vernehmlassung geschickt. Erfreulicherweise ging Hubacher aber mit mir einig, dass jedes SP-Programm auf «demokratischen und freiheitlichen Grundsätzen» basieren müsse. Darin lag bereits eine Distanzierung von der Idee der Selbstverwaltung.

Interessant war der Begleitbrief zum Versand an die Sektionen: Er lancierte eine Umfrage zur Bundesratsbeteiligung und zur Initiative für eine Abschaffung der Armee. Zu beiden Fragen nahm die Geschäftsleitung Stellung: für die Bundesratsbeteiligung und gegen die Armeeabschaffungsinitiative. Nicht in die Umfrage einbezogen war die Frage der Selbstverwaltung, obwohl diese der eigentliche Grund für den Sektionsversand gewesen war. Hatte man das Thema bereits abgeschrieben? Nein. Vermutlich hatte man lediglich (und richtigerweise) befunden, diese Diskussion bringe bei den nächsten Wahlen keine Stimmen – im Gegenteil.

Dafür wurde die Bundesratsbeteiligung, die damals kaum ernsthaft in Frage stand, entschieden befürwortet. Schliesslich kann eine Partei, die sich ernst nimmt und etwas vertreten und erreichen will, nicht im Voraus und freiwillig auf eine Regierungsbeteiligung verzichten. Sonst ist sie schlicht und einfach überflüssig.

Im Frühjahr 1983 entschied ich mich, nach nunmehr 20 Jahren in Bern nicht mehr für den Nationalrat zu kandidieren. Das entsprach sicher dem Willen mancher Genossen, die gerne mein Mandat übernommen hätten oder den unbequemen Stich endlich zum Schweigen bringen wollten.

Zudem stand im folgenden Jahr die Pensionierung von Robert Kohler, meinem Chef bei Coop Schweiz, bevor. Auch deshalb wollte ich mir für alle Eventualitäten die nötige Handlungsfreiheit schaffen. Für Kohlers Nachfolge war jedoch eine Frau in der Favoritenrolle – und das war in dieser Männerwelt auch nötig. Ich hatte mich in meiner Zeit als Personalchef immer wieder für die Förderung der Frauen eingesetzt und unter anderem erreicht, dass Edith Rüefli als erste Frau zur Vizedirektorin befördert wurde. Ihr nächster Karriereschritt stand nun bevor: Sie wurde als Coop-Direktorin gewählt.

In meiner letzten Session als Nationalrat kündigte Willi Ritschard seinen Rücktritt als Bundesrat an. Völlig unerwartet verstarb er nur kurze Zeit später noch während seiner Amtszeit. Natürlich setzte sofort die Diskussion um seine Nachfolge ein. Doch auch hier war klar: Es musste eine Frau sein, wenn die SP weiterhin glaubhaft die Frauen fördern wollte. Und in den Augen der SP-Spitze sollte es die Zürcher Nationalrätin Lilian Uchtenhagen sein.

Von den Kantonalparteien wurden trotzdem verschiedene andere Kandidaten vorgeschlagen, darunter auch ich. Ich erklärte mich bereit, weil eine Partei heute nicht mehr nur einen Kandidaten bzw. nur eine Kandidatin präsentieren sollte – das wäre eine Zumutung für das Parlament und ein schlechtes Zeugnis für die Partei. Aber mit einer Wahl rechnete ich nie. Und dass meine Kandidatur in der Geschäftsleistung auf gar keine Begeisterung stiess und auch im Parteivorstand praktisch keine Unterstützung fand, konnte mich nicht überraschen. Einzig in der Fraktion holte ich acht Stimmen.

Nach der Trauerfeier für Willi Ritschard beschloss eine Gruppe von Parlamentariern und Freunden, sich im Restaurant «Bad Attisholz» bei Solothurn zu treffen. Dort drehte sich die Diskussion natürlich um die Ritschard-Nachfolge. Man sagte, ich hätte doch die besten Voraussetzungen für die Übernahme des Finanzdepartementes. Das sei hier nicht der entscheidende Punkt, antwortete ich: Es solle ja eine Frau in den Bundesrat gewählt werden.

Die turbulente Bundesratswahl

Nach meiner letzten Session im Parlament erlebte ich eine ruhige und entspannte Zeit. Natürlich verfolgte ich das politische Geschehen weiterhin, aber aus Distanz. So las ich einmal ein Interview mit Helmut Hubacher. Der Journalist fragte ihn, ob denn statt Lilian Uchtenhagen kein anderes SP-Mitglied gewählt werden könne. Hubachers Antwort war: «Doch, aber bei Stich und Buser hört es auf. Alles kann sich die Partei nicht bieten lassen. In einem solchen Fall müsste die SP aus dem Bundesrat austreten.»

Eine Begründung gab Hubacher nicht. Seine Aussage war nicht besonders geschickt – im Gegenteil, sie wirkte kontraproduktiv. Die Bürgerlichen wussten jetzt, wie sie die SP in Schwierigkeiten bringen konnten. Und das taten sie dann auch.

Am Tag vor der Bundesratswahl erhielt ich überraschend einen Anruf vom Fernsehjournalisten Kurt Siegenthaler. Er wollte – für mich völlig unbegreiflich – wissen, wo ich mich zum Zeitpunkt der Bundesratswahl aufhalte; er wolle ein Bild von mir, wenn ich das Wahlresultat erfahre. Ich entschloss mich, im Büro zu bleiben, denn Siegenthaler hätte mich wohl auch noch zu einer Beerdigung begleitet, an der ich an diesem Tag eigentlich teilnehmen wollte. Dort sollte dann meine Frau von meiner Wahl erfahren.

An jenem Abend erhielt ich noch zwei Anrufe. Der erste kam von FDP-Nationalrat Felix Auer, einem Studienkollegen von mir. Er hatte nur eine Frage: Er wollte wissen, ob ich der Partei versprochen hätte, eine allfällige Wahl abzulehnen. Das konnte ich verneinen – es hatte mich niemand darum gebeten. Wenig später rief mich Bundeskanzler Walter Buser an. Er sei unter starkem Druck gestanden. Nun aber habe er der Partei mitgeteilt, er werde eine Wahl in den Bundesrat nicht annehmen, er wolle Kanzler bleiben. Mir riet er, das Telefon jetzt lieber auszuschalten. Ich befolgte seinen Rat.

Die Überraschung kam am folgenden Tag. Morgens um 6 Uhr, auf der Fahrt ins Büro, hörte ich im Radio, die Bürgerlichen wollten mich in den Bundesrat wählen. Ich nahm es zur Kenntnis. Die Meldung war kein Grund, mein Tagesprogramm zu ändern. Stimmen zu bekommen ist das Eine, gewählt zu werden das Andere.

Kaum war ich im Büro, erhielt ich einen Anruf vom solothurnischen Staatsschreiber. Er fragte, wo ich mich heute in Bern aufzuhalten gedenke, denn der ganze Regierungsrat reise ebenfalls nach Bern, da ich ja vermutlich in den Bundesrat gewählt würde. Ich erklärte ihm, ich sei nicht Kandidat der Partei und bleibe in Basel. Er versprach, einen Streifenwagen der Polizei vorbeizuschicken, damit nicht zu viel Zeit verloren gehe, sollte ich tatsächlich gewählt werden.

Meine Sekretärin wollte mir einen Radioapparat ins Büro bringen, damit ich die Verhandlungen in Bern mitverfolgen könne. Das schien mir nicht nötig. Das Ergebnis würde ich früh genug erfahren. Ausserdem musste ich mir noch einige Gedanken machen über eine Reaktion im Falle einer Wahl. Kein Zweifel: Sollte ich gewählt werden, stand mir eine schwierige Zeit bevor. Doch ich sagte mir, wenn es Lilian Uchtenhagen nicht schafft, so hätte wohl auch im Fall meines Verzichts keine andere Frau eine Chance. Deshalb entschloss ich mich, eine Wahl anzunehmen.

Plötzlich ertönte im Vorzimmer ein Riesenapplaus, und Mitarbeiterinnen und Mitarbeiter strömten herein, um mir zu gratulieren. Ich war im ersten Wahlgang gewählt worden. Kurz danach meldete sich SP-Fraktionschef Dario Robbiani am Telefon. Er erklärte, die Fraktion habe nach meiner Wahl einen Sitzungsunterbruch verlangt und treffe sich nun zu einer Aussprache im Fraktionszimmer. Ich solle noch in Basel bleiben. Er rufe mich wieder an. Wenig später erhielt ich von ihm die Mitteilung, ich müsse nach Bern zu einer Aussprache mit der Fraktion kommen.

Auf dem Weg ins Fraktionszimmer versicherte mir Robbiani, die Fraktion habe bis jetzt keine Beschlüsse gefasst; sie wolle zuerst meine Stellungnahme hören. Im Sitzungszimmer erwartete mich eine frostige Atmosphäre. Ich skizzierte die politische Situation: Nachdem Lilian Uchtenhagen nicht gewählt worden sei, habe bei dieser Bundesratswahl wohl auch keine andere Frau eine Chance. Daraus zöge ich meine persönliche Schlussfolgerung, die Wahl anzunehmen. Wortbegehren gab es keine. Deshalb schloss Dario Robbiani die Sitzung und begleitete mich zusammen mit dem Vizepräsidenten Walter Renschler in den Nationalratssaal. Es war dies ein erstes, aber doch deutliches Zeichen, dass die Fraktion – mehrheitlich – hinter mir stand.

Nachdem ich die Annahme der Wahl erklärt hatte, trafen sich die Bundesräte noch vor der Vereidigung im Zimmer des Justizministers. Dort hatte die Sekretärin wohl Mitleid mit mir und brachte eine Tasse Kaffee. Das blieb das Einzige, was ich an diesem Tag zwischen dem Frühstück und dem späten Abend konsumieren sollte. Ich wollte die Gunst der Stunde nutzen und möglichst rasch möglichst viele Interviews geben, damit auch meine Meinung Gehör fand. Schliesslich wurde ich bereits zu diesem Zeitpunkt als «Lady-Killer» bezeichnet. Und ebenso rasch war von der Parteileitung ein ausserordentlicher Parteitag angekündigt worden; sie wollte den Rückzug aus dem Bundesrat durchsetzen.

Otto Stich (vorne) mit dem Vater und den Schwestern Elisabeth (links) und Heidi (rechts).

Als Jugendlicher mit Freunden in Dornach, Otto Stich in der Mitte.

Beim Bergsteigen mit Freunden. Ganz rechts Otto Stich.

Am Berg.

Otto Stich mit Ehefrau Trudi und Tochter Angelika beim Wandern, 1977.

Die offizielle Bundesratskandidatin der SP, Lilian Uchtenhagen, rechts, mit ihren zwei parteiinternen Mitbewerbern, links Otto Stich, rechts Eduard Belser, am 6. Dezember 1983.

Otto Stich nach seiner Wahl zum Bundesrat am 7. Dezember 1983.

Otto und Trudi Stich bei einer von Coop Schweiz ausgerichteten «Bundesrats»-Feier. Rechts Robert Kohler, Präsident der Coop-Verbandsdirektion.

II. Stichflammen

Meine Arbeit im Bundesrat

Fester Panzer, weiches Herz

Ivo Bachmann

Fast alle werden sich irren. Die Stimmungsmacher links wie die Meinungsmacher rechts. Die einen sehen in Otto Stich einen «Verräter an der sozialistischen Sache» (Max Frisch), die anderen hoffen auf einen bequemen Sozialdemokraten. Die Medien haben den Solothurner «Sesselkleber» ohnehin schon abgeschrieben; nun schiessen sie sich auf seine Zusatzrolle als «Lady-Killer» ein. Bern, 7. Dezember 1983: Otto Stich ist soeben in den Bundesrat gewählt worden.

Wie ist die grandiose Fehleinschätzung möglich? Otto Stich ist seit über dreissig Jahren politisch tätig und sass zwanzig Jahre im Nationalrat. Er ist keiner, der sich gross ins Rampenlicht drängt, eher ein fleissiger, stiller Schaffer im Hintergrund. Politische Präsenz markiert er vor allem in Kommissionen und Parteigremien, weniger mit parlamentarischen Vorstössen. Doch aus seiner politischen Überzeugung hat er nie einen Hehl gemacht und seine Haltung über all die Jahre kaum geändert. Für demokratischen Sozialismus. Für einen starken und sozialen Staat. Gegen jeden Extremismus von rechts bis links. Dafür steht Otto Stich. Und für einen ausgeprägten Hang zum sachpolitischen Eigensinn.

Trotzdem reiben sich die Strippenzieher im Parlament, die Königsmacher in den Parteien und die intellektuellen Wortführer schon kurz nach der Bundesratswahl die Augen, als hätten sie plötzlich einen ganz anderen Otto Stich vor sich. Einen roten Querkopf. Einen politischen Dickschädel. Einen Fahnenträger der guten alten Sozialdemokratie.

«Heute würde ich für Frau Uchtenhagen auf die Barrikaden steigen», stöhnt das FDP-Schwergewicht Ernst Mühlemann 1986 an einem Podiumsgespräch in Basel. Er spricht damals vielen seiner bürgerlichen Kollegen aus dem Herzen. Sie haben Lilian Uchtenhagen als Bundesrätin verhindert und dafür Otto Stich in den Bundesrat gehievt. Und nun das. «Die Bürgerlichen lernten das Staunen, wen sie da gewählt hatten», schreibt Helmut Hubacher in seinem Buch «Schaubühne Bern» und räumt ein: «Auch wir hatten ihn unterschätzt.»

«Ich habe mich in keinem anderen Menschen derart getäuscht wie in Otto Stich», wird Peter Bichsel im Herbst 1995, nach Stichs Rücktritt aus dem Bundesrat, resümieren. Der Solothurner Schriftsteller, ein Parteikollege, hatte nach der Stich-Wahl noch die kollektive Empörung der Intellektuellen orchestriert: Der gegen den Willen der SP-Parteiführung in die Landesregierung gewählte Genosse sei doch nur ein sechster bürgerlicher Bundesrat.

Einer wusste es besser: Felix Auer, FDP-Nationalrat aus dem Baselbiet und ehemaliger Studienkollege von Otto Stich. Er hatte sich für den Dornacher in der entscheidenden FDP-Fraktionssitzung am Vorabend der Bundesratswahl stark gemacht. «Täuschen konnte sich nur, wer Stich nicht schon kannte», sagt Auer in einem «Weltwoche»-Interview. Die Schwarzbuben gehörten nun mal zur «Sorte der Hartgrindigen».

Schön gesagt. Kaum hat Otto Stich sein bundesrätliches Büro im Bernerhof bezogen, putzt er auch schon die Lobbyisten des Nutzfahrzeugverbandes ASTAG ab. Sie wollen «ihrem» Finanzminister die neuen Schwerverkehrsabgaben ausreden. Otto Stich hört geduldig zu, stopft seine Pfeife und antwortet kurz und bündig: «Es gibt nichts zu verhandeln, meine Herren.»

Mit gleicher Hartnäckigkeit tritt er fortan gegen so manchen Sonderwunsch an, der aus seiner Sicht nicht gerechtfertigt oder finanzpolitisch nicht zu verantworten ist. Und dabei spielt es keine Rolle, ob das Anliegen von linker oder rechter Seite kommt. Finanzierungsbegehren kommentiert er mit dem Satz: «Bevor Sie neue Ausgaben beschliessen, müssen Sie neue Einnahmen finden.» Damit ist aus seiner Sicht die Sache erledigt.

Die Sturheit des Finanzministers treibt Parlamentarier wie Bundesratskollegen an den Rand der Verzweiflung. Als der neugewählte Verkehrsminister Adolf Ogi sein Bundesratszimmer für sagenhafte 550 000 Franken umbauen lässt, interveniert Otto Stich – zu spät, die Aufträge sind bereits vergeben. Als Ogi seine Lötschberg-Variante der Neuen Alpentransversale NEAT durchdrückt, warnt Stich umso unermüdlicher vor dem finanziellen Debakel, das aus diesem Berner Oberländer «Denkmal» erwachsen werde.

Mit seiner Hartnäckigkeit stosse Stich «gelegentlich an die Grenzen der politischen Machbarkeit», schreibt der ehemalige Solothurner Ständerat Walter Weber (SP) und fragt: «Liegt darin der Grund, weshalb Otto Stich manchmal Mühe hatte, sich durchzusetzen? Weshalb er Schwierigkeiten hatte in Bern mit Partei und Fraktion? Ist es so, dass Otto Stich sich oft selber im Wege steht?» Stich gebe «erst nach, wenn ihn eine Mehrheit überstimmt».

Und auch das nicht immer. So berichtet alt FDP-Nationalrat Ernst Mühlemann an einem Symposium in Münsingen BE, wie die Bürgerlichen gegen den «gefürchteten Finanzminister» einen «gewaltigen Erfolg» mit einer Motion zu den Stempelabgaben erzielt haben. Mühlemann: «Ich ging dann nach vorne und sagte: ‹Herr Bundesrat, jetzt müssen Sie dem Parlament endlich gehorchen.› Er sagte: ‹Glauben Sie ja nicht, dass ich wegen einem Motiönli gehorche.› Ich: ‹Dann müssen wir Sie abwählen.› Er: ‹Sie können es ja probieren. Es gibt verschiedene Numismatiker auch in Ihrer Partei, die mich nicht abwählen.›»

Je länger die Auseinandersetzung zwischen der bürgerlichen Mehrheit und dem sozialdemokratischen Finanzminister an-

dauert, desto mehr schleicht sich ein zynischer Ton in die Debatten. Er habe «leider noch sechs Kollegen im Bundesrat», kommentiert Stich einen Budgetentwurf. Und im Ständerat giftet er: «Die Sitzungen hier kann man am besten ertragen, wenn man gelegentlich den ‹Nebelspalter› liest.» Empörung hier, Erheiterung da.

Welche Persönlichkeitsstruktur prägt diesen Politiker? Otto Stich sei der typische Dickhäuter, schreibt Martin Beglinger in seiner Stich-Biografie – «aussen der Panzer, im Innern sehr sensibel, sehr verletzlich, mit einem guten Gedächtnis ausgestattet». Stichs parteiinterner Kontrahent, der Basler alt Nationalrat Helmut Hubacher, weiss: «Otto Stich überzeugen zu wollen, ist eine brotlose Kunst.» Wer ihm passe, habe es gut mit ihm, wer nicht, habe nichts zu lachen: «Otto Stich vergisst und vergibt nichts.»

Aus dem Lager der politischen Freunde tönt es nicht völlig anders. Bloss wandeln sich die negativen in positive Eigenschaften. Hartnäckigkeit statt Sturheit. Sparsamkeit statt Krämergeist. Geradlinigkeit statt Unbelehrbarkeit. Man sieht in Stich den «Pragmatiker, der nicht von seinen Prinzipien und den grossen politischen Vorhaben abgerückt war» (alt SP-Nationalrat Dario Robbiani). Man lobt Stichs «Entschlusskraft, Standfestigkeit, Mut, Unabhängigkeit und Weitblick», kurz: sein «staatsmännisches Format» (alt Bundesrat Hans Peter Tschudi). Und Walter Weber wusste: «Stichs Vertrauen zu gewinnen braucht Zeit, aber dann ist es dauerhaft.»

Otto Stich bleibt Otto Stich, auch als Bundesrat. Ein Mann von nebenan in der grossen Politik. Stets sachkundig, stets bescheiden. Stets unruhig in sich ruhend. Ein Dornacher Hartgrind mit einem grossen sozialen Herzen. Stich sei «sicherlich der populärste Bundesrat der Schweiz» gewesen, schreibt der Journalist Peter Uebersax in seinen Memoiren: «Er war der glaubwürdigste von allen.» Dieses Wort hat Gewicht, aus einem besonderen Grund: Peter Uebersax hatte als «Blick»-Chefredaktor keine Gelegenheit für eine Schlagzeile gegen den «sturen Finanzminister» ausgelassen. Damals eine Fehleinschätzung unter vielen.

Die ersten Tage als Bundesrat

Noch in der ablaufenden Session traf sich der neu gewählte Bundesrat zur Departementsverteilung. Diese erfolgte traditionsgemäss nach dem Prinzip der Anciennität: Die Mitglieder sprechen sich in der Reihenfolge ihrer Wahl in den Bundesrat für das von ihnen gewünschte Departement aus. Da alle Bisherigen ihr Departement behalten wollten, bekam ich diskussionslos das Finanzdepartement, was ja zugleich auch mein Wunsch war. Eingeführt ins Departement wurde ich durch den ausscheidenden Bundesrat Georges-André Chevallaz.

In den folgenden Tagen erhielt ich korbweise Post. Meistens waren es Gratulationsschreiben. Aber es gab auch einige kritische Zuschriften und ein paar Drohungen. Es mussten in dieser politischen Situation nicht nur alle Briefe gelesen, sondern auch beantwortet werden – auch die kritischen und die negativen. Dabei wies ich wenn immer möglich auf die Nachteile und Konsequenzen eines Austritts der SP aus dem Bundesrat hin.

Ich war froh, sofort auf Jean-Noël Rey, den bisherigen Fraktionssekretär, als persönlichen Mitarbeiter zählen zu können sowie auf Peter Graf als Pressesprecher. Bald darauf stiess auch Elisabeth Baumann als persönliche Mitarbeiterin zu unserem Team. Sie war die erste Frau in dieser Funktion; der «Lady-Killer» hatte ein Zeichen gesetzt.

Es war ein homogener Stab, auf den ich mich verlassen konnte. Die persönlichen Mitarbeiter kümmerten sich vor allem um die Probleme mit der Partei wegen der Forderung nach einem Rückzug aus dem Bundesrat. Dabei ging es – aus meiner Sicht – letztlich nicht um meine Person, sondern um einen wichtigen Grundsatz: Ist die SP erfolgreicher als Regierungs- oder als Oppositionspartei?

Ich war in dieser Übergangszeit noch stark beschäftigt mit letzten Aufgaben am alten Coop-Arbeitsplatz. Daneben musste ich ständig Interviews geben. An ein Radiointerview erinnere ich mich besonders gut. Darin wurde ich auch über meine Meinung zum geplanten Kernkraftwerk in Kaiseraugst befragt. Mich störe das Vorhaben nicht, war meine Antwort, denn es gebe ja heute schon Kernkraftwerke, unter anderem in Gösgen, in meinem Heimatkanton. Wir hätten dort keinen Grund gehabt, dagegen anzutreten.

Diese Aussage provozierte die Atomkraftgegner; sie demonstrierten beim offiziellen Empfang in Solothurn und in Dornach. Was soll's, ich stand nur zu meiner Meinung. Und im Gegensatz zu der Zeit vor meiner unerwarteten Wahl war diese Meinung jetzt dauernd gefragt. Die vielen Interviews halfen mir im Übrigen sehr, obwohl das kaum die Absicht der Journalisten war.

Ich kannte die grossen Sachprobleme der Finanzpolitik und wusste, was mich erwartete. Denn ich startete ja nicht bei Null. Ich hatte Ökonomie und Finanzwissenschaften studiert, war 20 Jahre im Nationalrat und während zweier Legislaturperioden Mitglied der Finanzkommission und der Finanzdelegation gewesen. 1971 hatte ich als Präsident der Wirtschafts- und Finanzkommission die Nachfolge von Max Weber angetreten. Den herausragenden Volkswirtschafter und Nationalrat, der auch kurze Zeit als Finanzvorsteher im Bundesrat gewesen war, hatte ich noch an der Universität Basel kennengelernt, als ich Assistent von Professor Edgar Salin war. Weber hatte sich damals über mein Nachrücken ins Kommissionspräsidium gefreut und mir einige Akten aus früheren Zeiten geschenkt. Seine fachliche Kompetenz und politische Konsequenz sollten mir Vorbild bleiben.

Im Finanzdepartement mussten vor allem die Voraussetzungen für die Haushaltsführung grundlegend verbessert werden. Das bisherige System war so ausgerichtet, dass es quasi zwangsläufig zu Defiziten kam. Schon die geringste Teuerung führte wegen der zweijährigen Veranlagung bei den Steuern und dem Gewichts- statt dem Wertprinzip bei den Zöllen unweigerlich ins Minus. Meine wichtigsten Ziele waren klar: die Grundlagen des Haushaltes und der Steuerstruktur verbessern, die Defizitperiode beenden und wenn immer möglich einen ausgeglichenen Haushalt erreichen. So sagte ich das auch den Medien. Immer und immer wieder.

Die Interviews leisteten mir auch bei zwei kurzfristig anstehenden Entscheidungen nützliche Dienste. Bereits Mitte Februar sollte der ausserordentliche Parteitag zum Austritt der SP aus dem Bundesrat stattfinden, und auf Ende Februar war die Volksabstimmung über die Einführung der Autobahnvignette und der Schwerverkehrsabgabe terminiert. Über die Medien erreichte ich die Bevölkerung.

Auch mein Stab war nicht untätig geblieben und hatte Kontakte zu Kantonalsektionen geknüpft. Bereits am 18. Dezember konnte ich dank der Vermittlung von Dario Robbiani an einer Tessiner Parteiveranstaltung in Locarno teilnehmen und meinen Standpunkt in der Frage der Bundesratsbeteiligung darlegen. Es war dies die erste offizielle Einladung zu einer Parteiversammlung seit der Bundesratswahl. Wenige Tage später lud mich die Aargauer SP an ihren Parteitag in Brugg ein, wo ich die Verkehrsvorlage vertreten konnte. Den Genossinnen und Genossen gab ich hier wie dort Folgendes zu bedenken: Eine Partei ist für die Wählerinnen und Wähler nicht attraktiv, wenn sie nicht mitregieren will. Zudem ist ein späterer Wiedereintritt in die Regierung nicht einfach, weil es dafür die Zustimmung der Bürgerlichen braucht. In einer direkten Demokratie ist es jedoch besonders wichtig, alle grossen und repräsentativen Parteien in der Regierung zu haben, damit auch eine Chance besteht, die Vorlagen der Regierung so zu gestalten, dass sie vom Volk angenommen werden. Nicht minder wichtig ist das Einbringen eigener Anliegen. Ein Austritt aus dem Bundesrat wäre für die sozialdemokratischen Interessen fatal.

Dann, am 11. Februar 1984, kam der Tag der Entscheidung. Die Parteidelegierten versammelten sich zum ausserordentlichen Parteitag. Er war sehr gut besucht. Über 1200 Delegierte drängten in den Berner Kursaal. Offenbar hatten beide Gruppen gut mobilisiert.

Der Empfang durch die Parteitagsleitung war – wie zu erwarten – alles andere als freundlich. So schien auf dem Podium zunächst gar kein Platz für mich frei zu sein; meinen Stuhl musste ich mir selbst holen. Kaum hatte ich mich gesetzt, stellte jemand einen Kaktus vor meine Nase. Die Stimmung war aufgeheizt.

Hörte man nach den verschiedenen Voten den Applaus, hätte man annehmen können, die Befürworter des Austritts würden obsiegen. Betrachtete man hingegen die Zahl der Applaudierenden, so war die andere Gruppe doch entschieden grösser. Ich versuchte, meinen Standpunkt darzulegen. Eine Regierungsbeteiligung der SP sei auch wichtig für die Anliegen der Jungen, der Rentner, der Frauen, für den Umweltschutz und die Entwicklungshilfe. Es war gewiss nicht mein bester Auftritt. Doch nach stundenlangen Diskussionen entschied sich der Parteitag mit einem deutlichen Mehr für den Verbleib der SP im Bundesrat.

Der Streit um Verkehrsabgaben und Heizölpreise

Mit dem Sieg am Parteitag war die erste Hürde genommen. Die zweite stand unmittelbar bevor: die Volksabstimmung zur Autobahnvignette und Schwerverkehrsabgabe. Sie war auf den 26. Februar terminiert. Mein Auftritt am Aargauer Parteitag hatte den Schweizerischen Nutzfahrzeugverband ASTAG alarmiert; man ersuchte dringend um eine Besprechung. Ich empfing die Herren in meinem Büro. Sie erklärten mir, der Bundesrat habe ihnen versprochen, er werde nicht direkt in den Abstimmungskampf eingreifen, um die Vorlage durchzubringen. Sie wollten mich bitten, dieses Versprechen zu halten.

Meine Antwort war einfach. Ich war damals nicht im Bundesrat und hatte auch nichts von einem solchen Versprechen gehört. Folglich fühlte ich mich an keine Zusage, sondern nur an meine Überzeugung gebunden. Als Nationalrat hatte ich mich nur deshalb für die verwässerte Vorlage eingesetzt, weil der ursprüngliche Vorschlag des Bundesrates keine Mehrheit gefunden hatte. Doch jetzt, als Bundesrat, wollte ich mich für die Vorlage engagieren, weil sie besser war als nichts. Der Bundeshaushalt musste endlich wieder ausgeglichen werden. Und eine solche Lösung schien mir sinnvoller, als Steuern einzutreiben zur Bezahlung der Schuldzinsen.

Die Unterredung war rasch beendet. Dafür begann eine längere Kampagne der ASTAG vor allem im «Blick» – gegen die Schwerverkehrsabgabe, gegen die Vignette und natürlich gegen mich. Die Gleichzeitigkeit zweier Kampagnen – jene der SP-Parteileitung für einen Regierungsaustritt und jene der ASTAG gegen die neuen Abgaben – war jedoch ein Glücksfall. In der Partei spürten die Leute dank des ASTAG-Sperrfeuers meinen Einsatz für eine auch von ihnen unterstützte Politik. Und in breiten, auch bürgerlichen Kreisen der Bevölkerung stieg durch den Oppositionskurs der Parteileitung die Akzeptanz für meine Argumente zugunsten der Verkehrsabgaben. Beide Vorlagen wurden vom Volk schliesslich angenommen und brachten dem Bund rund 400 Millionen Franken ein.

Doch die ASTAG gab sich nicht geschlagen. Sorgen bereitete uns vor allem die Androhung einer Grenzblockade durch Lastwagen. Ich fragte im Bundesrat, ob wir schlimmstenfalls mit der Hilfe der Armee rechnen könnten. Zum

Glück wurde dies dann aber nicht nötig. Es blieb bei einigen kurzen, eher symbolischen Sperren.

Dafür nahm die Pressekampagne wieder an Heftigkeit zu und erreichte in der Frühjahrssession ihren Höhepunkt mit der Forderung, die Schwerverkehrsabgabe sei auszusetzen und der Volksentscheid aufzuheben. Da ich nicht das geringste Entgegenkommen signalisierte, handelte ich mir definitiv den Ruf eines sturen Finanzministers ein.

Bald streute die Lastwagenlobby auch Befürchtungen, die anderen Länder könnten Gegenmassnahmen treffen und schweizerische Lastwagen auf ihrem Gebiet ebenfalls mit einer Abgabe belasten. Damit wären die schweizerischen Transporteure im Ausland nicht mehr konkurrenzfähig. Das schien mir zwar wenig wahrscheinlich, da wir die schweizerischen Lastwagen ja gleich belasten wollten wie die Transitfahrzeuge und wir zudem im Vergleich zum Ausland entschieden höhere Aufwendungen für die Infrastruktur zu tragen hatten. Doch es kam tatsächlich zu einigen solche Versuchen und Drohungen; die Lastwagenlobby war nicht untätig geblieben.

Ich wollte das Thema am bevorstehenden Dreiländertreffen der Finanzminister Deutschlands, Österreichs und der Schweiz aufgreifen. Diese Treffen waren Anfang der siebziger Jahre eingeführt worden mit dem Ziel, in unseren Ländern eine stabile Währungs- und Finanzpolitik zu betreiben. Kurz vor dem vereinbarten Termin trat der österreichische Finanzminister zurück. Der deutsche Finanzminister Gerhard Stoltenberg rief mich an und fragte, ob ich einverstanden sei mit einer Verschiebung des Treffens ins nächste Jahr. Das war ich, bekundete aber zugleich mein Bedauern darüber, dass ich nicht über die geplanten schweizerischen Verkehrsabgaben informieren könne. Aus diesem Grund trafen wir uns bald darauf in München. Am Ende der Unterredung gratulierte Stoltenberg der Schweiz zu dieser Lösung und erklärte, auch er würde eine solche Verkehrsabgabe sofort einführen, wenn es möglich wäre. Über das Gespräch mit dem deutschen Finanzminister orientierte ich selbstverständlich den Bundesrat, damit die Regierungskollegen den von der ASTAG geweckten Befürchtungen in ihren Kreisen entgegentreten konnten.

Ende des Jahres machte mir dann noch einmal eine Delegation der ASTAG ihre Aufwartung. Sie verlangte eine Erklärung, wonach Finanzdepartement und Zoll nicht in der Lage seien, die Schwerverkehrsabgabe tatsächlich zu erheben. Doch auch dieses Ansinnen konnte ich zurückweisen. Wir waren gut vorbereitet.

In jenen Tagen traf sich einmal eine ganze Anzahl prominenter bürgerlicher Politiker zu einem Mittagessen. Man wollte mich entmachten. An meiner Stelle, so der Plan, sollte Kurt Furgler das Dossier «Verkehrsabgabe» übernehmen. Ein ganzes Gewerbe mit Tausenden von Arbeitsplätzen gehe sonst zugrunde, hiess es.

Kurt Furgler war damals Bundespräsident. Nach dem Mittagessen lud er Verkehrsminister Leon Schlumpf, Bundeskanzler Walter Buser und mich zu einer Besprechung in sein Büro. Er liess uns einige Zeit im Vorzimmer warten; angeblich führte er noch ein wichtiges Telefongespräch. Als es endlich beendet war, entschuldigte er sich für die Verspätung und erklärte, die gemeinsame Besprechung sei nicht mehr nötig, da die Schwerverkehrsabgabe für ihn kein Thema mehr sei. Er schlug uns vor, gemeinsam ins Bundeshaus zu gehen – als kleine Demonstration unserer Einigkeit.

Trotzdem las man im «Blick» am folgenden Morgen: «Lastwagenkrieg: Politiker wollen Bundesrat Stich das Kommando entziehen». Und: «Schafft doch diese blödsinnige Schwerverkehrsabgabe ab!» Ausgerechnet für diesen Tag hatte ich dem «Blick»-Redaktor Jürg Zbinden ein Interview zugesagt. Nach der erneuten Attacke schien mir das zwecklos; ich sagte ab. Der «Blick» schrieb dann zwar noch für längere Zeit der ASTAG nach dem Mund, und der damalige Chefredaktor Peter Uebersax tippte unentwegt seine Wut in die Tasten. Doch schliesslich war das Thema erledigt, wenigstens für mich. Denn Kampagnen gegen finanz- und verkehrspolitische Anliegen gab es auch später immer wieder. Und in der Auseinandersetzung um den Transitvertrag sollte dann tatsächlich die Autolobby gewinnen – zum Nachteil der Schweiz und der Umwelt. Doch jede Medienkampagne, und sei sie noch so heftig, geht irgendwann vorbei. Man muss nur aufrichtig und aufrecht bleiben, man muss nur standhaft bleiben.

Die Sanierung der Bundesfinanzen

Die Finanzordnung der Eidgenossenschaft war damals chaotisch, noch etwas chaotischer als heute. Noch immer waren rund 60 Prozent der Steuereinnahmen zeitlich befristet. Sie mussten stets aufs Neue – wie auch Änderungen eines Steuersatzes – durch eine Verfassungsabstimmung genehmigt werden. Die kantonalen Steuergesetze waren sehr unterschiedlich; daher gab es keine Vergleichsgrundlage für die daraus entstehenden Belastungen. Und der eidgenössische Finanzausgleich glich einem Selbstbedienungsladen – ohne Kasse am Ausgang.

Bei meinem Amtsantritt lagen ein Gesetzesentwurf für die direkte Bundessteuer und das Gesetz über die formelle Steuerharmonisierung vor den eidgenössischen Räten. Dies war die Reaktion des Bundesrates auf die frühere, mit 44 Prozent Ja-Stimmen relativ knapp abgelehnte Initiative der SP für eine materielle Steuerharmonisierung der Einkommen über 100 000 Franken. An der Ausarbeitung dieser Initiative war ich als Nationalrat beteiligt gewesen. Es war jene Initiative, zu der mir damals der Chef der Steuerverwaltung gratuliert hatte; würde sie angenommen, so seien die Probleme der Steuerverwaltung gelöst. Nun stand es eben noch aus, sie zu lösen.

Seit 1971 reihte sich Defizit an Defizit. Deshalb lud ich bereits an meinem zweiten Arbeitstag als Finanzminister die für den Legislaturfinanzplan zuständigen Chefbeamten und Sachbearbeiter zu einer Diskussion. Ich war mit ihrer Budgetvorlage nicht einverstanden. Ohne entscheidende Verbesserungen hätte die Rechnung auch in den folgenden Jahren mit Defiziten zwischen 1,2 und 1,8 Milliarden Franken abgeschlossen. Ich verlangte bis Ende der Legislaturperiode eine ausgeglichene Rechnung.

Es wurde die hitzigste Debatte, die ich je in meiner eigenen Verwaltung geführt habe. Ich bestand darauf, bei den Einnahmen einen Ertrag von 400 Millionen Franken für die Schwerverkehrsabgabe und die Autobahnvignette einzusetzen. Der Direktor der Finanzverwaltung, Rudolf Bieri, lehnte dies ab. Das sei ein «Nonvaleur», denn das Volk werde diese Vorlage bestimmt ablehnen. Wir könnten doch nicht etwas in die Rechnung aufnehmen, das nach der Behandlung in den Räten schon nicht mehr existiere. Ich blieb stur. Ich wollte zeigen, dass wir die Rechnung bereits in dieser Periode ausgleichen konnten. Ausserdem schien mir diese Massnahme ein positives Signal für die Abstimmung zu sein: Wir glaubten an ein Ja. Wir einigten uns schliesslich auf 350 Millionen – und auf das Ziel, bis 1985 eine ausgeglichene Rechnung präsentieren zu können. Am Schluss der Sitzung meinte Rudolf Bieri, so sei noch kein Finanzplan diskutiert worden. Ich nahm es als Kompliment.

Unser Ziel sollten wir zwar 1985 noch verfehlen. Die Rechnung schloss mit einem Defizit von über einer Milliarde Franken. In einer Demokratie braucht alles etwas länger. Die Abstimmungen über die Streichung der Kantonsanteile bei den Stempelsteuern und beim Gewinn der Alkoholverwaltung sowie über die Abschaffung des Mahllohnausgleichs fanden erst im Juni 1985 statt. Diese Begehren wurden zwar speditiv behandelt, doch die Auswirkungen zeigten sich erst 1986: Endlich gab es wieder einmal einen Überschuss in der Bundeskasse – beinahe 2 Milliarden! Damit wurde eine fünfzehnjährige Defizitperiode beendet, und zum ersten Mal seit 1965 bildeten sich der Fehlbetrag der Bilanz wie auch die Gesamtschulden um eine Milliarde Franken zurück. Der Schuldenberg blieb hoch genug: Es türmten sich noch über 28 Milliarden.

Immerhin: Ein erster Schritt war getan. Die Vorausplanung zeigte jedoch, dass bei unserem chaotischen Steuersystem der Bund ohne wirksame Gegenmassnahmen bereits 1991 wieder in tiefroten Zahlen stecken würde. Deshalb mussten wir handeln, gerade auch angesichts der guten Wirtschaftsentwicklung.

Da wir eine antizyklische Finanzpolitik für richtig und notwendig erachteten, schlugen wir vor, den Heizölzoll anzupassen. Diese Abgabe war seit 1924 unverändert bei 30 Rappen pro 100 Kilogramm geblieben. Den seither entstandenen Wertverlust wollten wir ausgleichen und im Zeitalter des Waldsterbens nicht nur den Absatz von Brennholz fördern, sondern generell eine umweltverträglichere Politik einleiten mit der Bevorzugung erneuerbarer Ressourcen. Schliesslich soll man Steuern nicht nur wegen der Einnahmen erheben, sondern auch, um politische Massnahmen wirksam zu unterstützen und die Entwicklung zu lenken.

Eine vollständige Anpassung des Heizölzolls an die Teuerung hätte einen Satz von 6 bis 7 Franken pro 100 Kilogramm ergeben. Ich schlug 2 Franken vor. Doch im Bundesrat empfahl Justizministerin Elisabeth Kopp eine Anpassung auf 4 Franken. Als Finanzminister konnte ich mich diesem Vorschlag natürlich anschliessen, und so wurde dieser Satz einstimmig akzeptiert und beschlossen. Das war noch im Jahr 1985. Der Bundesrat hätte die Kompetenz gehabt, den Beschluss sofort in Kraft zu setzen. Trotzdem wurde dies auf den folgenden Februar verschoben. Dann war einerseits die Heizperiode zu Ende, und andererseits wollten wir zuvor noch die Partei- und Fraktionspräsidenten der Bundesratsparteien orientieren. Doch diese hatten, wie sich herausstellte, keine Zeit. Auch im Januar gelang es nicht, ein Gespräch mit den vielbeschäftigten Leuten zustande zu bringen. So entschied der Bundesrat, den Beschluss in eigener Kompetenz und ohne Voranmeldung zu fassen.

Kein Laut drang an die Öffentlichkeit, ganze drei Monate lang. Umso grösser war der Lärm nach der Bekanntgabe. Alle wurden komplett überrascht. Am Tag der Inkraftsetzung musste ich wegen eines anderen Bundesratsgeschäftes an die übliche Pressekonferenz. An deren Schluss, etwa um 15 Uhr, lud Vizekanzler Achille Casanova die Journalistinnen und Journalisten zu einer weiteren, etwas später stattfindenden Konferenz mit dem Finanzminister ein. Natürlich wollten alle wissen, um was es denn da gehe. «Das werde ich Ihnen um 17.30 Uhr sagen», antwortete ich nur. Ich konnte gar nicht anders. Denn erst zu diesem Zeitpunkt schlossen die Zollämter. Eine Bekanntgabe auch nur wenige Minuten zuvor hätte genügen können, die unverzollt gelagerten Heizölbestände in der Schweiz noch rasch zu verzollen. Die Händler hätten sich rund 20 Millionen Franken in die eigene Tasche stecken können.

Schon am nächsten Tag startete der «Blick» eine neue Kampagne gegen mich, obwohl der Bundesrat jenen Entscheid ja einstimmig getroffen hatte. Weil unser Beschluss auch noch durch das Parlament genehmigt werden musste, brach sofort ein Streit darüber aus, ob die parlamentarische Debatte bereits in der unmittelbar beginnenden Märzsession oder erst im Juni stattfinden sollte. FDP und CVP waren gegen die Preisanpassung und verlangten, das Geschäft müsse sofort vors Parlament. Die SP unterstützte die Vorlage und stimmte zusammen mit einer knappen Mehrheit der SVP für eine Behandlung erst im Juni. Nationalrat Christoph Blocher drohte mit dem Referendum.

Die «Blick»-Schlagzeilen gegen die «Stich-Steuern» wurden grösser und grösser. Ich war froh, gegen diese Vorwürfe im Fernsehen immer wieder kontern zu können. Recht aufschlussreich waren die Reaktionen aus der Bevölkerung: Abgesehen von der Zeit nach meiner Wahl in den Bundesrat habe ich nie auch nur annähernd so viele Bürgerbriefe erhalten. Überraschenderweise waren von Anfang an die meisten positiv, und im Verlauf der Verhandlungen stieg dieser Anteil auf gut 90 Prozent.

Das war auch der Grund, weshalb ich dem Parlament beliebt zu machen versuchte, der Vorlage zuzustimmen und den definitiven Entscheid dem Volk zu überlassen. Ich war überzeugt, in einer Volksabstimmung eine Mehrheit zu bekommen. Doch im Parlament war das Rennen gelaufen. Zwar gab es für mich noch einen kleinen Sieg mit der Verschiebung der Debatte auf die Sommersession. Das brachte dem Bund immerhin 100 Millionen ein, weil der bundesrätliche Beschluss ja bereits umgesetzt war. Doch die beiden Räte wollten auf unsere Vorlage erst gar nicht eintreten.

Von den grossen Parteien kämpfte nur die SP für eine Anpassung des Heizölzolls. Sie verlangte angesichts der Bedeutung des Geschäfts eine Abstimmung unter Namensaufruf. Die lange Liste der Neinsager habe ich mir später noch mehrmals vor Augen geführt. Einige der damals ablehnenden Herren wurden später meine Kollegen im Bundesrat: Flavio Cotti, Arnold Koller, Adolf Ogi und Kaspar Villiger; auch Pascal Couchepin und Christoph Blocher sollten es noch in die Regierung schaffen. Sie alle haben damals – mit einer Mehrheit des Parlaments – eine vernünftige, vorausschauende und antizyklische Finanzpolitik verhindert. Die Auswirkungen dieses Neins waren fatal. Sie liessen sich an der negativen Entwicklung der Bundesfinanzen nachvollziehen.

Doch es sollte noch schlimmer kommen. Unmittelbar nach der Bekanntgabe des Abstimmungsresultats zum Zollbeschluss forderten die drei bürgerlichen Parteien unisono Steuersenkungen – wie üblich kaschiert als «Entlastung von Familien». Das bewährte Mittel war die Erhöhung der Kinderabzüge bei den direkten Steuern. «Sozialabzüge» hiess das dann in der Wahl- und Abstimmungspropaganda. Eine Mogelpackung: Eine allein erziehende Mutter, die als Verkäuferin arbeitet, merkt davon überhaupt nichts; sie wird um keinen Rappen entlastet. Gut betuchte Steuerzahler bekommen hingegen mehrere hundert oder tausend Franken geschenkt. Die sogenannten Sozialabzüge sind vor allem eines: unsozial.

Wenn aber gleich drei grosse bürgerliche Parteien im Fieber eines Wahlkampfs die Steuern senken wollen, ist dagegen kein Kraut gewachsen. Im Herbst 1987 standen eidgenössische Wahlen bevor. So kam es, wie es kommen musste: Die Steuern wurden in der Hochkonjunktur gesenkt, und in der Krise türmten sich die Schulden auf. Ich wollte eine antizyklische Finanzpolitik betreiben und einen neuen Absturz in die Schuldenwirtschaft vermeiden. Doch die bürgerlichen Parteien setzten eine prozyklische Politik durch – mit katastrophalen Folgen für die neunziger Jahre.

Aus Schaden wird man klug, sagt der Volksmund. Das gilt jedoch nur sehr bedingt für Volksvertreter. Jedenfalls haben die meisten bürgerlichen Finanzpolitiker aus ihren Fehlern nichts gelernt. Im Gegenteil: Sie sollten ihre Finanz- und Wirtschaftspolitik noch verschlimmern.

Am 19. Oktober 1987 stürzten die Aktienkurse ins Bodenlose. Der Dow Jones verlor fast 23 Prozent – an einem einzigen Tag. Börsen-Crash. Um einen noch stärkeren Absturz zu vermeiden, erhöhte die Nationalbank die Geldmenge um eine Milliarde Franken. Dadurch sanken die Zinsen; die Börse erholte sich. Doch leider wurde der Abbau der übermässigen Geldmenge viel zu spät und erst nach meiner Intervention in Angriff genommen. Die zu grosse Geldmenge führte – zusammen mit den Steuersenkungen – zu einer Inflation mit starker Teuerung und rasch steigenden Zinssätzen. Und zu neuen Defiziten in der Bundesrechnung.

Hinzu kam – für eine kohärente Finanzpolitik eher erschwerend – eine grössere personelle Rochade im Bundesrat. Innerhalb von nur zwei Jahren durften wir vier neue Kollegen in der Landesregierung begrüssen: Flavio Cotti (CVP, 1987), Arnold Koller (CVP, 1987), Adolf Ogi (SVP, 1988) und René Felber (SP, 1988). Vermutlich liegt es in der Natur der Sache, dass neue Bundesräte zeigen wollen, was sie können, und deshalb auch möglichst viele Wünsche ihrer Klientel erfüllen. Einen Vorgeschmack davon hatte ich ja bereits beim Heizölbeschluss erhalten.

Als Finanzminister war ich nicht bereit, alles zu akzeptieren. Von den Kollegen wurde ich deshalb als «Mitberichts-Bundesrat» bezeichnet. In den Zeitungen konnte ich lesen, Bundesrat Stich bringe seine Kollegen «zur Weissglut» mit seinen Kürzungsanträgen. Nun ja, die Glut war nicht zu löschen. Meine Anträge waren begründet, aber im neu zusammengesetzten Bundesrat tatsächlich nicht beliebt. Und darum auch selten erfolgreich.

So ging 1991, wie zu befürchten war, eine fünfjährige Periode mit schönen Haushaltsüberschüssen abrupt zu Ende. Das war ein Verdienst prozyklischer Politik: Die Steuern sanken, die Ausgaben stiegen – allein in diesem Jahr um 12,3 Prozent bei einem Einnahmenwachstum von nur gerade 2,5 Prozent. Unter dem Strich resultierte ein Defizit von 2 Milliarden Franken in der Finanzrechnung und von 3,1 Milliarden in der Erfolgsrechnung. Die Gesamtverschuldung des Bundes wuchs von 40 auf 45 Milliarden Franken – der bis dahin grösste Anstieg seit Bestehen des Bundes. Trotzdem feierten wir damals im grossen Stil «700 Jahre Eidgenossenschaft». Die Rechnung begleichen unsere Kinder.

Neben der Ausgabenfreudigkeit führte natürlich die Konjunkturflaute – verbunden mit einem Einbruch der Steuererträge und einer Teuerung von über 6 Prozent – zu diesem Ergebnis. Gleichzeitig wurde zum dritten Mal die Mehrwertsteuer verworfen. Immerhin einen Lichtblick gab es: Nach achtjährigem Ringen wurde endlich die einjährige Steuerperiode beschlossen. Mit der damals noch gültigen, zweijährigen Veranlagungspraxis ging dem Bund vor allem in Zeiten hoher Teuerung wegen des Kaufkraftverlustes viel Geld verloren; die Steuereinnahmen liefen der allgemeinen Entwicklung hinterher. Doch die bürgerliche Mehrheit im Parlament blockierte die Umsetzung. Die neue Veranlagungspraxis trat deshalb erst rund zehn Jahre später in Kraft. Zu spät, um in den neunziger Jahren noch eine Wirkung entfalten und den Rückgang der Steuererträge ausgleichen zu können. Die Verzögerungstaktik durch das Parlament begünstigte und verschärfte die strukturellen Finanzdefizite wesentlich. Gewinner waren die grossen Steuerzahler, die von dieser Politik beträchtlich profitierten.

Das alles wäre ja zu verkraften gewesen. Doch das grösste finanzielle Debakel stand uns noch bevor: der NEAT-Entscheid.

Die Freuden und Leiden eines Bundespräsidenten

In der Schweiz gelten für das Bundespräsidium zwei unumstössliche Regeln: Gemäss Verfassung kann ein Bundespräsident im folgenden Jahr nicht erneut als Präsident oder als Vizepräsident gewählt werden; er hat auch nicht mehr Rechte als die übrigen Mitglieder des Bundesrates. Damit will man vernünftigerweise eine Machtballung auf einzelne Personen verhindern. Und die Tradition will es so, dass ein neuer Bundesrat erst dann zum Präsidenten gewählt wird, wenn er alle bisherigen Mitglieder der Landesregierung als Bundespräsidenten erlebt hat.

Normalerweise dauert es also länger, bis man zu jener Ehre kommt. Ich wurde jedoch bereits 1988, zu Beginn meiner zweiten Legislaturperiode, erstmals zum Präsidenten gewählt. Der Grund: Zuvor hatte der Bundesrat in kurzer Zeit vier neue Mitglieder erhalten; ich war also rasch einer der Dienstältesten.

Mir schien in einer solchen Konstellation eine klare Zielsetzung für die Zukunft besonders wichtig. Wir umschrieben sie mit dem Ausdruck «Qualitatives Wachstum». Damit sollte gesagt sein, dass ein gewisses Wachstum des Sozialprodukts notwendig sei, dass es aber keinesfalls auf Kosten der Umwelt erfolgen dürfe. Die Förderung des Schienenverkehrs erhielt hohe Priorität.

Wir legten erstmals auch den Legislaturplan – also die längerfristige Regierungsplanung – mit dem Finanzplan zusammen. Damit wollten wir ein weiteres Signal setzen. Auf das Ende der Legislaturperiode mussten wir, nachdem das Parlament die Erhöhung des Heizölzolls abgelehnt und eine Steuerreduktion durchgeboxt hatte, wieder mit Milliardendefiziten rechnen. Überdies wurde die noch unter Bundesrat Willi Ritschard in die Wege geleitete Schaffung einer moderneren Steuergesetzgebung vom Parlament immer weiter hinausgezögert. Allein die Behandlung des Gesetzes dauerte acht Jahre, und bis zur wirklichen Anwendung verging noch einmal ein Jahrzehnt.

Ein Bundespräsident hat zahlreiche Repräsentationspflichten zu erfüllen. Das war 1988 nicht anders als heute.

Oder doch? Bei Staats- oder Höflichkeitsbesuchen wurden die Gäste immer durch den ganzen Bundesrat empfangen, da dieser als Kollektiv die Schweizer Staatsmacht repräsentiert und nicht der Präsident allein. Deshalb gab es damals auch keine eigentlichen Staatsbesuche der Schweiz im Ausland. Unsere direkte Demokratie kennt keinen Staatspräsidenten oder mächtigen Regierungspräsidenten. Alle Bundesräte sind gleichberechtigt.

Bereits Anfang des Jahres luden wir den österreichischen Bundeskanzler Franz Vranitzky zu einem Höflichkeitsbesuch ein. Wir wollten damit die Verbundenheit unserer beiden Länder unterstreichen. Ich hatte mit dem Sozialdemokraten Vranitzky, der ebenfalls Finanzminister gewesen war, schon zuvor gute und freundschaftliche Kontakte gepflegt. Wir luden auch die Repräsentanten zweier junger Demokratien in die Schweiz ein: die Präsidenten von Portugal und Spanien. Der spanische Ministerpräsident Felipe González wünschte einen Abstecher nach Basel, wo einige Treffen mit der Wirtschaft organisiert wurden. Besonders eindrücklich war die Begegnung mit dem portugiesischen Staatspräsidenten Mário Soares. Den Ausflug mit dem Gast organisierten wir in die Romandie, einerseits um ihm einen Einblick in die Vielfalt und Mehrsprachigkeit der Schweiz zu geben, andererseits aber auch, um mit ihm die Ausstellung eines portugiesischen Künstlers in Lausanne zu besuchen. Darüber freute sich Soares besonders: Als er den Künstler erkannte, umarmte er ihn – die beiden hatten zu Zeiten der Diktatur zusammen im Gefängnis gesessen.

Daneben kamen verschiedene andere Regierungsmitglieder und Staatsoberhäupter zu Besuch. Zum Beispiel die philippinische Präsidentin Corazon Aquino. Sie bedankte sich für die Blockierung der Marcos-Gelder und für die diesbezügliche Rechtshilfe (die allerdings von einer Grossbank mit allen Mitteln zu verhindern versucht worden war). Der philippinische Diktator Ferdinand Marcos hatte während seiner Herrschaft riesige staatliche Vermögenswerte ins Ausland geschafft – auf seine privaten Bankkonten, unter anderem in der Schweiz. Auf philippinisches Ersuchen hin wurden hier 683 Millionen Franken blockiert. Den entsprechenden Beschluss hatte der Bundesrat während eines abendlichen Apéros beim Staatsbesuch des finnischen Präsidenten gefasst, nachdem wir erfahren hatten, dass die Gelder verschoben werden sollten und es nicht mehr möglich war, eine ordentliche Bundesratssitzung abzuwarten.

Die Rückgabe der Gelder dauerte länger. Zunächst musste Ferdinand Marcos im eigenen Land durch ein Gericht rechtmässig verurteilt werden. Erst im Februar 2002 konnte endlich ein Grossteil der Summe an die Philippinen überwiesen werden. Und eine letzte Rückgabe in Höhe von sechs Millionen Franken erfolgte gar erst im Januar 2009 – ganze 22 Jahre nach dem ersten Rechtshilfegesuch. Kein Zweifel: Corazon Aquino hätte diese Gelder für ihr Land sehr viel früher gut gebrauchen können.

1988 war auch das Kernkraftwerk Kaiseraugst immer noch ein Thema. Zwar ging es nicht mehr um das Bauvorhaben, aber um die finanzpolitischen Aufräumarbeiten – nämlich um die Frage der Entschädigung nach dem Verzicht auf das Werk. Im Parlament waren in dieser Angelegenheit verschiedene Motionen eingereicht worden, unter anderem von Nationalrat Christoph Blocher. Sie sollten in der Herbstsession diskutiert werden.

Zu Beginn der Sommersession bat mich Christoph Blocher in dieser Sache um ein Gespräch unter vier Augen. Um möglichst rasch eine tragfähige Lösung zu finden und lange Rechtsstreitigkeiten zu vermeiden, schlug Blocher vor, eine unabhängige Fachperson beizuziehen. Keine schlechte Idee, fand ich. Blocher versprach, auch Verkehrs- und Energieminister Adolf Ogi zu orientieren.

Bereits Ende Juli trafen wir uns mit dem Experten Claude Wenger in meinem Büro, wo wir uns über das weitere Vorgehen einigten. Bedingung war, dass die Abklärungen streng vertraulich waren und dass sie bis Ende August abgeschlossen sein mussten, damit der Bundesrat seinen Entscheid noch vor der Eröffnung der Herbstsession treffen konnte. So geschah es auch. Nach eingehenden Abklärungen und Diskussionen schlug Wenger eine Lösung vor, die sowohl für uns als auch für die KKW Kaiseraugst AG akzeptabel war. Wir einigten uns auf 350 Millionen Franken als Abfindung für die Planungskosten und den Verzicht auf das KKW. Weitere Begehren lehnten wir ab. Jahre zuvor war noch von 750 Millionen Franken die Rede gewesen. Kein schlechter Handel also.

Zu den ganz speziellen Aufgaben eines Bundespräsidenten gehört das sogenannte «Bundesrats-Reisli»: Traditionsgemäss lädt der jeweilige Präsident seine Kollegen zu einem Besuch in seinen Heimatkanton ein. Ich plante, den ersten Halt in Grenchen zu machen und anschliessend ins Schwarzbubenland zu fahren, in die solothurnische Exklave Kleinlützel, meine Heimatgemeinde an der französischen Grenze. Das war aber aus sicherheitspolitischen Gründen offenbar nicht opportun, jedenfalls riet der Sicherheitsdienst davon ab. Die Jurafrage schien zwar gelöst, doch die politischen Spannungen existierten immer noch.

Deshalb fuhren wir direkt nach Delsberg, in die Hauptstadt des neuen Kantons Jura. Diesem wollten wir die Reverenz erweisen. Zudem nutzten wir die Gelegenheit, das Museum der Alkoholverwaltung zu besichtigen. Dazu luden wir auch die jurassische Regierung ein. Sie schien jedoch über unser Reiseprogramm nicht besonders glücklich zu sein. Man glaubte nämlich, wir würden auf der Weiterfahrt in der einzigen deutschsprachigen Juragemeinde Ederswiler in geländegängige Fahrzeuge umsteigen, um nicht über französisches Gebiet fahren zu müssen. Und man befürchtete wohl, wir könnten dabei mit der deutschsprachigen Bevölkerung in Kontakt kommen. Deshalb wechselten wir die Fahrzeuge erst bei einem Hof auf solothurnischem Kantonsgebiet. Die Jurassier waren erleichtert.

Im Oktober traf ich mich mit meinen engsten Mitarbeitenden, um den bereits verflossenen Teil des Präsidialjahres Revue passieren zu lassen. Wir konnten zufrieden sein. Die wirtschaftliche Entwicklung und das soziale Umfeld durfte man positiv beurteilen. Auch die Beziehungen zum Ausland waren insgesamt problemlos. Und für den Rest des Jahres erwarteten wir keine besonderen Schwierigkeiten. Wir sollten uns täuschen.

Der Fall Kopp und seine Folgen

Gegen Jahresende 1988 häuften sich Meldungen über Geldwäscherei und Steuerhinterziehung in der Schweiz. Den Anfang machte der «Beobachter»: Die Zeitschrift publizierte einen Bericht, wonach Hans W. Kopp, der Gatte von Justizministerin Elisabeth Kopp, dem Staat 2,5 Millionen Franken an Steuern vorenthalten habe. Steuerhinterziehung galt damals in der Schweiz noch als Kavaliersdelikt und war nicht strafbar. Hans W. Kopp sprach nonchalant von einer «Bagatelle». Im November wurde es ernster. Der «Tages-Anzeiger» berichtete, dass Hans W. Kopp aus dem Verwaltungsrat der Shakarchi Trading AG ausgeschieden sei – wenige Tage, bevor gegen die Firma eine Untersuchung wegen Wäscherei von Drogengeldern eingeleitet worden war. Hatte er einen Hinweis aus dem Justiz- und Polizeidepartement erhalten? Hans W. Kopp wies den Verdacht zurück, doch es blieb ein ungutes Gefühl. Pikanterweise hatte sich Justizministerin

Kopp zur gleichen Zeit für ein Gesetz gegen die Geldwäscherei stark gemacht.

Dann überstürzten sich die Ereignisse. Am 7. Dezember wurde Elisabeth Kopp als Vizepräsidentin des Bundesrates gewählt. Nur zwei Tage später erschütterte ein Artikel in «Le Matin» die politische Landschaft in einer Art, wie dies die Schweiz noch nie erlebt hatte: Elisabeth Kopp habe durch eine Indiskretion aus dem Justizdepartement von der Einleitung einer Untersuchung gegen die Firma Shakarchi erfahren, daraufhin ihren Ehemann gewarnt und ihm den Austritt aus dem Verwaltungsrat der Firma empfohlen. Dieses «kurze Telefongespräch» mit ihrem Gatten hatte die Justizministerin in einer früheren Aussprache im Bundesrat mit keinem Wort erwähnt. Gegen Abend bat sie nun Bundeskanzler Walter Buser – und nicht etwa den Bundespräsidenten –, eine geheime Bundesratssitzung einzuberufen. Zweck und Ziel der erwünschten Besprechung liess sie offen.

An der Sitzung gestand Bundesrätin Kopp das Telefongespräch mit ihrem Mann. Sie wünschte, der Bundesrat möge in dieser schlimmen Situation doch im Rahmen einer Pressekonferenz Stellung nehmen. Ich wies diesen Antrag ab – und ebenso hielten es die übrigen Kollegen. Ohne gründliche Abklärung wollten wir keine Stellungnahme abgeben – schon gar nicht so kurzfristig, überstürzt, an einem Freitagabend. Wir rieten ihr zu einem persönlichen Communiqué.

An der nächsten Bundesratssitzung am folgenden Montag kündigte Elisabeth Kopp ihren Rücktritt auf Ende Februar an. Wir empfahlen ihr dringend, bereits auf Jahresende zurückzutreten, da sonst keine Beruhigung eintreten werde. Wir unterbrachen die Sitzung auch einige Male, damit sie sich, wie sie sagte, mit ihrer Partei besprechen könne. Wir vermuteten jedoch, dass sie meist mit ihrem Mann telefonierte. Wie auch immer: Es nützte alles nichts. Sie hielt an ihrem Termin fest.

Hätte Elisabeth Kopp unseren Rat befolgt, wäre ihr einiges erspart geblieben. Am 16. Dezember beauftragte der Bundesrat den Basler Staatsanwalt Hans Hungerbühler mit einer Untersuchung der Indiskretion. Anschliessend wurde alt Bundesrichter Arthur Häfliger mit einer Administrativuntersuchung betraut, in deren Folge auch der Bundesanwalt Rudolf Gerber seinen Platz räumen musste.

Elisabeth Kopp demissionierte nach Hungerbühlers Untersuchungsbericht am 11. Januar 1989 zum zweiten Mal. Nun trat sie per sofort zurück. Endlich räumte sie auch ein, einen Fehler gemacht zu haben. Zu spät, viel zu spät. Hätte sie den Bundesrat bereits im Oktober offen orientiert, wäre mit einer klaren, bundesrätlichen Stellungnahme die Affäre wohl rascher erledigt gewesen. Vor allem wäre der Politik ein grosser Vertrauensverlust erspart geblieben.

Zum Abschluss der Affäre setzte das Parlament noch eine sogenannte Parlamentarische Untersuchungskommission (PUK) ein. Nationalrat Moritz Leuenberger wurde ihr Präsident. Ausgerechnet Moritz Leuenberger! Das hatte mein Zürcher Parteigenosse bestimmt nicht erwartet, als er sich vor der Wahl von Elisabeth Kopp namentlich in der SP-Fraktion so vehement für sie als erste Frau im Bundesrat und für den Erhalt des Zürcher Sitzes in diesem Gremium eingesetzt hatte. Immerhin: Seine Arbeit als PUK-Präsident beflügelte seine politische Karriere. Er sollte später mein Nachfolger im Bundesrat werden.

Der lange Weg zum IWF

Bretton Woods ist ein Ort im US-Staat New Hampshire. Hier fand im Sommer 1944 eine internationale Konferenz statt, an der die Finanzminister und Notenbank-Gouverneure der späteren Siegermächte des Zweiten Weltkriegs das System der festen Wechselkurse beschlossen.

Im Nachgang zu dieser Konferenz entstanden die Bretton-Woods-Institutionen (BWI): die Weltbank und der Internationale Währungsfonds (IWF). Sie waren als weltumspannende Einrichtungen gedacht. Sie sollten Währungs- und Bankzusammenbrüche verunmöglichen und Weltwirtschaftskrisen verhindern.

Die UNO wiederum, 1942 aus den Trümmern des Völkerbundes entstanden, sollte das friedliche Zusammenleben der verschiedenen Nationen sichern. Einen ersten Erfolg konnte sie 1953 durch die Vermittlung des Waffenstillstandes zwischen Nord- und Südkorea erzielen. Die Schweiz, damals noch nicht Mitglied der UNO, wurde als neutrales Land mit der Leitung der Waffenstillstandskommission betraut. Sie hat diese Funktion heute noch inne.

Nicht verhindern konnte die UNO den Kalten Krieg, der 1948 mit der Berlin-Krise, das heisst mit der Abriegelung von Westberlin durch die sowjetischen Truppen, seinen Anfang nahm. Damit wurde die Welt für Jahrzehnte – bis zum Fall der Berliner Mauer im Jahr 1989 – in zwei Machtblöcke geteilt, was die neu geschaffenen internationalen Organisationen zwar sicher nicht stärkte, zumindest aber die Einigung und Aussöhnung in Europa unter tatkräftiger Mithilfe der USA förderte.

In der Schweizer Aussenpolitik führte der Kalte Krieg zu einer Überbetonung der Neutralität. In dieser Zeit war ein Beitritt zu internationalen Institutionen kaum ein Thema. Trotzdem arbeitete die Schweiz mit diesen Organisationen zusammen – in ihrem eigenen Interesse. Denn sie war von den auf internationaler Ebene gefällten Entscheiden sehr häufig betroffen.

Zum Beispiel beim IWF, der damals die Wechselkurse fixierte. So zahlte man in den sechziger Jahren für einen

Dollar über vier Franken. Durch die Hilfe beim Wiederaufbau in Europa, vor allem aber durch den Vietnamkrieg, verlor der Dollar jedoch dauernd an Wert. Entsprechend war der Franken stark unterbewertet. Darum hatten wir in diesem Jahrzehnt nicht nur Vollbeschäftigung, sondern sogar eine Überbeschäftigung durch den Beizug ausländischer Arbeitskräfte.

Diese Entwicklung konnte nicht immer so weitergehen. Mitte der sechziger Jahre reichte der frühere SP-Bundesrat Max Weber ein Postulat ein, das den Beitritt der Schweiz zum IWF forderte. Ich unterstützte dieses Begehren, denn als Nichtmitglied der Bretton-Woods-Institutionen hatten wir kein Mitspracherecht bei der Festlegung der Wechselkurse.

Webers Postulat hatte keine Chance. So kam es, wie es kommen musste. Als die Goldreserven der USA Anfang der siebziger Jahre zu Ende gingen, bedeutete dies auch das Ende des Goldstandards für die Berechnung der Wechselkurse. Die Folge war ein Einbruch in der wirtschaftlichen Entwicklung. Davon blieb die Schweiz nicht verschont. Deutlich wurde dies durch die Veränderung der Devisenbestände. Hatten wir in den sechziger Jahren, zu Beginn des Vietnamkrieges, praktisch noch keine Devisenreserven in Dollars, so nahmen diese im Lauf des folgenden Jahrzehnts gewaltig zu. Beim Zusammenbruch des Systems der festen Wechselkurse horteten wir eine Dollarreserve in der Höhe unseres gesamten Goldbestandes. Doch kaum waren die Wechselkurse freigegeben, reduzierte sich der Dollarkurs um mehr als die Hälfte. Zynische Folge: Durch die Entwertung des Dollars leistete auch die neutrale Schweiz ihren Beitrag an die Finanzierung des Vietnamkrieges. An die finanzpolitischen Folgen der heutigen Situation – durch die US-Kriegskosten in Irak, in Afghanistan – wollen wir erst gar nicht denken.

Die Geschichte zeigt: Auch wenn man sich von einer internationalen Organisation fernhält, ist man von ihren Entscheiden betroffen. Das heisst zwar nicht, dass alles besser ist, wenn man mitbestimmen kann. Doch die Interessen eines Landes lassen sich wirksamer vertreten. Zudem: Die Zeit bleibt nicht stehen. Die weltpolitische Lage verändert sich. Die Schweiz muss sich diesem Wandel stellen – und sie sollte ihn auch mitgestalten wollen.

Das war mir bereits an meiner ersten Bundesratssitzung klar. Der damalige Volkswirtschaftsminister Kurt Furgler hielt fest, die Schweiz sei seit dem 1. Januar 1984 ordentliches Mitglied der Erweiterten Allgemeinen Kreditvereinbarung und damit stimmberechtigtes Mitglied der Zehnergruppe im IWF. Er fragte mich, ob ich bereit sei, diese Vertretung wahrzunehmen, zumal die übrigen Länder jeweils durch ihre Finanzminister vertreten seien. Für mich war das selbstverständlich. Die Schweiz war zwar nicht Mitglied des IWF. Doch die Mitgliedschaft in der Zehnergruppe erschien mir wie eine Einladung, endlich dieser Organisation voll und ganz beizutreten.

Das war auf jeden Fall mein Ziel. Ich beantragte noch im selben Jahr, den Beitritt zum IWF in den Legislaturplan aufzunehmen. Das stiess im Bundesratskollegium auf viel Verständnis, doch Priorität hatte der Beitritt zur UNO. Dem konnte ich zwar beipflichten. Überrascht hat mich dann jedoch, dass die UNO-Abstimmung bereits zwei Jahre später stattfinden sollte – zu einem Zeitpunkt, als die öffentliche Diskussion zu diesem Thema noch kaum in Gang gekommen war.

Ich habe mich damals ebenfalls für den UNO-Beitritt eingesetzt. Ich erinnere mich jedoch nur an zwei Veranstaltungen, die diesem Thema gewidmet waren und an denen ich mitwirkte; die Nachfrage nach befürwortenden Referenten war nicht gerade überwältigend. Die grosse Mehrheit der Veranstaltungsbesucher votierte gegen einen Beitritt. Wen wundert's: Die UNO-Vorlage wurde 1986 deutlich abgelehnt.

In dieser Zeit nahm ich an allen Sitzungen der Zehnergruppe des IWF teil, so auch im Juni 1985 in Tokio (Japan) und im Oktober gleichen Jahres in Seoul (Südkorea). Diese Besprechungen begannen stets am Sonntagmorgen um 8 Uhr und dauerten knapp eine Stunde.

An einer dieser Tagungen fragte mich der deutsche Finanzminister Gerhard Stoltenberg, was ich in der Konferenzpause mache. Dann sei ich bereits auf der Rückreise, erklärte ich ihm. Ohnehin sei es für mich fraglich, ob es sinnvoll sei, für eine relativ kurze Sitzung so weit zu reisen. Stoltenberg widersprach energisch. Meine Teilnahme sei wichtig. Mein heutiges Votum habe ihn sehr interessiert, und auch die meisten übrigen Mitglieder seien mit meinen Aussagen sicher einverstanden gewesen. Weder er als deutscher Finanzminister noch sein japanischer Kollege hätten Gleiches sagen dürfen, denn ihre Länder seien die Verlierer des Zweiten Weltkriegs. Die Schweiz als kleines, aber wirtschaftlich starkes Land könne in diesem Rahmen ein wichtiges Wort mitreden.

Stoltenbergs Einschätzung bestärkte mich in meiner Überzeugung: Die Schweiz musste dem Internationalen Währungsfonds beitreten. Im Rahmen der Legislaturplanung 1988 schlug ich deshalb erneut vor, den IWF-Beitritt ins Programm aufzunehmen. Doch der Bundesrat erachtete den Zeitpunkt immer noch als zu früh. Wenigstens liess er sich dazu bewegen, in dieser Legislaturperiode einen Bericht zum Thema vorzusehen. Bei so viel Entgegenkommen musste ich natürlich zustimmen, obwohl ich solche Berichte eigentlich nicht mag; sie tragen in der Regel nicht zur Lösung der Probleme bei. Wer in internationalen Gremien mitmachen und mitentscheiden will, braucht keine unverbindlichen Papiere, sondern einen klaren Antrag. Doch immerhin blieb die Tür einen Spalt weit offen.

Der internationale Durchbruch

Eine dramatische Wende kam 1989. Mit dem Zusammenbruch der Sowjetunion ging der Kalte Krieg zu Ende. Für mich war klar, dass das neue Russland wieder in den IWF eintreten und auch einen Sitz im Direktorium beanspruchen würde. Der IWF-Exekutivrat bestand damals aus 22 Stimmrechtsgruppen mehrerer Länder. Durch den absehbaren Beitritt Russlands musste der Rat also vergrössert werden. Das war meines Erachtens die letzte Gelegenheit für die Schweiz, sich noch einen Sitz im Direktorium zu sichern. Wir mussten rasch handeln.

Deshalb beschloss nun auch der Gesamtbundesrat in einer Klausursitzung im Mai 1989, dem Beitritt zum Währungsfonds höchste Priorität einzuräumen. Er setzte eine Arbeitsgruppe für die Vorbereitung ein. Die Federführung lag beim Finanzdepartement. Beteiligt waren das Volkswirtschaftsdepartement (EVD), das Departement für auswärtige Angelegenheiten (EDA) sowie die Nationalbank.

Im gleichen Jahr war ich Chairman, das heisst Vorsitzender, der Zehnergruppe des IWF. Die diskussionslose Übertragung dieses Mandates war ein Vertrauensbeweis an die Schweiz – wir waren ja noch gar nicht Mitglied. Da es der Zehnergruppe an einem Treffen in Washington nicht gelungen war, einen Bericht über die Schuldenkrise und die Zusammenarbeit mit der Weltbank zu verabschieden, musste sie eine ausserordentliche Sitzung einberufen. Solche ausserordentlichen Sitzungen finden traditionsgemäss im Land des Vorsitzenden statt. Die IWF-Gruppe tagte also am 2. und 3. Juni 1989 in Bern. Hier konnten wir den erwähnten Bericht endlich verabschieden. Am Abend wollten wir unsere Gäste ins Von-Wattenwyl-Haus einladen; dieses Patrizierhaus im Herzen der Berner Altstadt gehört der Eidgenossenschaft und dient vor allem für Empfänge des Bundesrates. Da aber in Bern eine Kundgebung gegen den IWF angekündigt war, blieben wir auf Wunsch der Polizei im Hotel.

Ein Beitritt der Schweiz zum IWF schien problemlos machbar, jedenfalls seitens des IWF. Schwieriger war es, die Schweizer Wunschvorstellungen durchzusetzen – wir wollten nicht nur Mitglied sein, sondern auch einen Direktionssitz im Währungsfonds und in der Weltbank besetzen. Deshalb beschloss unsere Arbeitsgruppe, bereits vor der Einreichung des Bewerbungsschreibens und des Beitrittsgesuches sämtliche Mitglieder der IWF-Zehnergruppe zu orientieren. Das war politisch heikel. Daher luden wir alle Schweizer Botschafter in den zehn Ländern der Gruppe zu einer gemeinsamen Vorbereitungssitzung nach Bern. Wir wollten erreichen, dass bei der Übermittlung des Gesuches keine Pannen passierten; ausserdem sollte ein Termin fixiert werden für die erste vertrauliche Orientierung aller Länder. Niemand sollte sich benachteiligt fühlen. Gleichzeitig wollten wir Kanada bitten, die Leitung der IWF-internen Arbeitsgruppe für die Aufnahme der Schweiz zu übernehmen, und Frankreich sollte unsere Interessen in dieser Gruppe vertreten.

Einer der Botschafter bedankte sich für die Einladung. Es sei in seiner ganzen Karriere einmalig, dass er eine dienstliche (und bezahlte) Reise nach Bern habe machen können, hier durch den Bundesrat direkt orientiert worden sei und sogar noch habe mitdiskutieren können. Dieses Treffen sei bestimmt ein gutes Omen für das Beitrittgsgesuch.

In der anschliessenden Medienkonferenz orientierten wir über unsere Zielsetzungen und über die Notwendigkeit, nun rasch das Gespräch mit mehreren Finanzministern zu suchen. Ich kündigte entsprechende Auslandsreisen an, bat aber die Journalistinnen und Journalisten, mich möglichst nie zu fragen, wohin die Reise gehe, und ebenso wenig, was das Ergebnis gewesen sei. Für diese Sondierungsgespräche war Vertraulichkeit wichtig.

Damit begann für Markus Lusser, den Vertreter der Nationalbank, für unsere Sachbearbeiter und für mich eine hektische Zeit. Schon am 26. Februar 1990 waren wir in Kanada, wo wir mit unserem Anliegen auf offene Ohren stiessen. Am 8. März ging's nach Paris zum französischen Finanzminister Pierre Bérégovoy. Auch er war mit unseren Zielsetzungen einverstanden; ein besonderes Anliegen war ihm, dass die kleinste Ländergruppe, jene aus Westafrika, erhalten blieb. Dies konnten wir zusichern, denn wir beantragten eine zusätzliche, 23. Ländergruppe, um niemanden verdrängen zu müssen.

Am 14. März waren wir in Rom. Am 21. in Tokio. Am 27. in Washington. In Tokio war der Empfang sehr freundlich, doch stand wenig Zeit für eine Diskussion zur Verfügung, da der Finanzminister durch das Parlament stark beansprucht war. Unvergesslich bleibt der Empfang in Washington: Finanzminister Nicholas F. Brady liess sich kurz vor unserem Besuch krankheitshalber entschuldigen, und wir mussten deshalb mit seinem Stellvertreter David Mulford Vorlieb nehmen. Ich war natürlich enttäuscht, und so fragte ich etwas sarkastisch, ob Kollege Brady sich vielleicht eine «diplomatische Krankheit» eingefangen habe. Das war, wie mir versichert wurde, nicht der Fall. Und es folgte dann doch ein angenehmes Gespräch. Wir konnten unsere Wünsche darlegen und eingehend diskutieren. Mulford zeigte sich erfreut über unseren Beitrittswillen, fragte aber, ob wir nicht eine europäische Ländergruppe ersetzen könnten. Europa sei mit sieben Sitzen gegenüber einem Sitz der etwa gleich grossen USA im IWF-Exekutivrat stark übervertreten. Das Argument war an sich einleuchtend. Doch die Schweiz konnte unmöglich ein anderes europäisches Land aus dem Direktorium verdrängen. Und ein Anschluss an eine andere europäische Ländergruppe kam für uns nicht in Frage, da wir unsere eigene Meinung vertreten wollten und nicht einfach jene der Europäischen Gemeinschaft (EG). Das überzeugte meinen Gesprächspartner offenbar. Mulford sicherte uns jedenfalls eine ernsthafte Überprüfung unseres Begehrens zu. Die USA wollten zwar eher eine Reduktion der Zahl der Exekutivdirektoren, doch unsere Argumente seien beachtenswert.

Bei diesem Aufenthalt in Washington orientierten wir auch Michel Camdessus, den Geschäftsleiter des IWF, über unsere Absichten, ebenso Barber Conable, den Präsidenten der Weltbank, und Alan Greenspan, den Vorsitzenden der US-Notenbank Federal Reserve System (Fed). Damit waren auf internationaler Ebene die ersten wichtigen Bausteine gelegt.

Wieder zu Hause, erhielt ich einen Brief von US-Finanzminister Nicholas F. Brady: Er habe während unseres Besuches in Washington tatsächlich keine diplomatische Krankheit gehabt, sondern die Grippe. Und er freue sich, uns im Mai auch persönlich zu empfangen. Darüber hinaus könne er uns jetzt schon die Unterstützung durch die USA zusichern. Dieser Brief sollte später noch sehr nützlich sein.

Schlag auf Schlag ging es weiter. Die nächsten Reiseziele waren Den Haag, Bonn und London. In den Niederlanden begrüsste man zwar einen Beitritt der Schweiz, erachtete aber die Umsetzung unserer Wünsche als nicht sehr einfach. In Bonn stiessen wir auf klare Zustimmung. Am 18. April, kurz nach Ostern, trafen wir in London ein. Auf dem Tagesprogramm stand ein Höflichkeitsbesuch bei Premierministerin Margaret Thatcher. Sie war den schweizerischen Wünschen wohlgesonnen, fügte aber gleich ihre eigenen hinzu. Sie fand, die Schweiz solle der EG beitreten, weil dadurch die Machtverhältnisse etwas ausgeglichener würden. Es ergab sich eine längere Diskussion, weshalb ich mit einiger Verspätung beim Finanzminister eintraf. Natürlich entschuldigte ich mich. Aber bis heute weiss ich nicht, ob der Empfang bei ihm wegen der Verspätung oder wegen des Themas recht kühl war.

Sehr kurz war unsere Aufwartung zwei Tage später in Stockholm. Und noch kürzer jene beim belgischen Finanzminister – er fand, diese Angelegenheit könnten wir in Washington nach einer IWF-Sitzung besprechen. Seine Begeisterung ob der schweizerischen Vorstellungen und Wünsche hielt sich in Grenzen. Alles in allem aber fand die Schweiz in diesen Gesprächen eine breite Zustimmung und keine offen erkennbare Ablehnung. Unser Vorhaben schien realisierbar. So konnte der Bundesrat am 16. Mai 1990 den Beitritt beschliessen und das Beitrittsgesuch stellen. Eine weitere Hürde im schweizerischen Entscheidungsprozess war genommen.

An neuen Problemen fehlte es jedoch nicht. Die Kapital- und Stimmrechtsanteile beim IWF werden nach Quoten bemessen. Wir strebten damals eine Stimmrechtsquote von 2,1 Prozent an, um eine Ländergruppe aus eigener Kraft durchsetzen zu können. Dies gelang nicht; wir mussten uns mit 1,7 Prozent begnügen. Deshalb unternahmen wir alle Anstrengungen, eine Gruppe aufzubauen, die aufgrund ihrer Zusammensetzung mit einer breiten Unterstützung rechnen konnte. Dabei kam uns der glückliche Umstand zu Hilfe, dass bei den politischen Veränderungen im Osten neue Staaten entstanden waren, die nun ebenfalls Mitglied des IWF wurden. Wir nutzten die Gunst der Stunde.

Die schwierigste Hürde war die Schaffung eines zusätzlichen Direktionssitzes. Hier mussten wir klarmachen, dass wir nicht eine Gruppe der Entwicklungsländer aus dem Direktorium verdrängen, sondern eine zusätzliche Gruppe schaffen wollten. Und diese sollte nicht einseitig zusammengesetzt sein, sondern eine direkte Zusammenarbeit mit Entwicklungsländern ermöglichen. Die Lösung hiess «Helvetistan». Wir nahmen die neuen zentralasiatischen Länder der ehemaligen Sowjetunion in unsere Gruppe auf: Aserbaidschan, Kirgisistan, Turkmenistan und Usbekistan. Eine wesentliche Verstärkung erfolgte durch die Zusage Polens. Zwei Jahre später trat auch Tadschikistan unserer Stimmrechtsgruppe bei.

Um die Zustimmung wichtiger Entwicklungsländer zu sichern (und auch, um keine Bundesratssitzung zu verpassen), reisten wir während der Ferien im August 1990 nach Lateinamerika und orientierten Argentinien, Chile, Brasilien und Mexiko über unsere Absichten. Eine anschliessend geplante Reise in den Nahen Osten mussten wir jedoch wegen des damaligen Golf-Konfliktes auf Mitte September verschieben. Sie war auch dann noch von besonderen Umständen begleitet. Schon über Italien mussten wir die direkte Luftstrasse verlassen, da sie von Militärflugzeugen belegt war. Wir flogen über Ägypten und bogen erst ausserhalb des Krisengebietes Richtung Riad ab. Dort wurden wir umso herzlicher empfangen. Wir waren weit und breit die einzigen Gäste in der saudischen Hauptstadt.

Normalerweise übernachten Bundesräte im Ausland in der schweizerischen Botschaft, also auf exterritorialem Gebiet des jeweiligen Landes. In Riad erklärte mir unser Botschafter, ich sei zwar in seiner kleinen Residenz willkommen. Er empfehle mir aber, die Einladung der saudischen Regierung anzunehmen und den kurzen Aufenthalt im «Palais des Visiteurs» zu verbringen. Die Regierung lege grossen Wert darauf. So übernachtete ich in der grössten Suite, die ich je gesehen habe. Ich kam mir in all diesen Räumen ziemlich verloren vor. Offenbar reisen andere Staatsbesucher mit einem grösseren Gefolge an als die Vertreter einer direkten Demokratie. Wie auch immer: Die Reise zu den saudischen Palästen hatte sich trotz oder gerade wegen der äusserst angespannten Lage gelohnt. Wir genossen ungeteilte diplomatische Aufmerksamkeit und brauchten uns keine Sorgen zu machen um die Unterstützung der schweizerischen Wünsche.

Am 21. März 1991 erhielten wir schliesslich die Nachricht, für die Schweiz sei die Quote von 1,7 Prozent akzeptiert worden. Spanien hatte aus eigenem Interesse lange dagegen opponiert – es wollte ebenfalls einen Sitz im Exekutivrat und war auf der Suche nach einer eigenen Ländergruppe. Jetzt musste nur die Schweiz dem Beitritt noch zustimmen. Da mit einem Referendum gerechnet werden musste, war höchste Eile geboten. Die Botschaft erschien am 15. Mai 1991, und bereits im Juni befasste sich der Ständerat mit dem Entwurf. In der Herbstsession behandelte der Nationalrat das Geschäft, und noch in der gleichen Session waren die Differenzen bereinigt.

Am 4. Oktober konnten die beiden Beschlüsse zum Beitritt und zur Mitwirkung der Schweiz in den Bretton-Woods-Institutionen verabschiedet werden. Der Ständerat stimmte einstimmig zu, der Nationalrat deutlich. FDP, CVP und SP hatten dafür gestimmt, SVP und Grüne dagegen. Das Referendum war die logische Folge.

Auf links-grüner Seite opponierten vor allem entwicklungspolitische Fundamentalistinnen und Fundamentalisten, zum Beispiel SP-Nationalrätin Angeline Fankhauser vom Schweizerischen Arbeiterhilfswerk. Offenbar wollten sie lieber auf der Strasse demonstrieren als mitzuerleben, wie durch eine Beteiligung der Schweiz tatsächlich etwas verändert werden konnte. Um das Fass voll zu machen, beschloss auch der Parteivorstand der SP mit 22 zu 25 Stimmen, das Referendum zu unterstützen, obwohl die Fraktion ziemlich geschlossen für die Vorlage eingetreten war. Das machte mich wütend, und ich kaufte mir wieder einmal – wie stets in solchen Fällen – eine neue Tabakpfeife, diesmal eine besonders teure. Sie wirkte. Jedenfalls störte mich nachher auch der Beschluss eines rechtsstehenden Spar- und Abschottungskomitees um die Nationalräte Otto Fischer (FDP) und Christoph Blocher (SVP) nicht weiter. Für mich hiess das einfach: jetzt erst recht!

Ich setzte mich mit voller Kraft für den Beitritt ein. Ganz bewusst trat ich in der Abstimmungsdiskussion im Fernsehen als Befürworter allein gegen zwei Gegner aus dem grünen und dem rechten Lager an. Sie stärkten meine Position, weil sie sich gegenseitig bekämpften: Da musste ja der Antrag des Bundesrates richtig sein. Eine Erkenntnis, die sich auch in der SP durchzusetzen begann. Jedenfalls rang sich der SP-Parteivorstand dann doch noch zu einer Stimmfreigabe durch.

Am Samstag vor der Abstimmung konnte ich im «Le Nouveau Quotidien» die Überschrift lesen: «Bonne retraite, Otto Stich». Mit einem Erfolg hatten die wenigsten Journalisten und Politiker gerechnet. Doch das Ergebnis war erfreulich. Mit über 55 Prozent Ja-Stimmen wurden die Vorlagen zum Beitritt in den IWF und die Weltbank angenommen. Damit war ein erster Schritt zur Mitbestimmung in internationalen Organisationen getan, was zur politischen Öffnung der Schweiz beitrug.

Der Erfolg war auch dem grossen Engagement meiner Mitarbeiterinnen und Mitarbeiter zu verdanken. Zwei Mitglieder unserer damaligen Arbeitsgruppe wurden später unsere ersten Direktoren beim IWF: Daniel Kaeser (der zum Thema 2004 ein interessantes Buch, «La longue marche vers Bretton Woods», herausgegeben hat) und Jean-Daniel Gerber vom Volkswirtschaftsdepartement.

Am 29. Mai 1992 unterzeichneten Nationalbankpräsident Markus Lusser und ich die Beitrittserklärungen zu den Bretton-Woods-Institutionen. Michel Camdessus, der geschäftsführende Direktor des IWF, zeigte sich hoch erfreut: Endlich war auch die Schweiz Mitglied geworden und dies sogar – als einziges Land – durch einen Volksentscheid. Wir aber konnten jetzt konkret und nicht nur hypothetisch über die Schaffung einer Ländergruppe diskutieren. Die geleistete Vorarbeit hatte sich gelohnt. Die Länder, welche sich schon vor unserem definitiven Beitritt für den Zusammenschluss mit der Schweiz in einer gemeinsamen Ländergruppe ausgesprochen hatten, blieben dabei. Zwar hatten wir auch mit Ungarn, Bulgarien, der Türkei und Südafrika sowie mit anderen Staaten der früheren Sowjetunion intensive Kontakte gepflegt. Trotzdem schlossen sich damals keine weiteren Länder unserer Gruppe an – schliesslich wollten auch andere IWF-Mitglieder ihre Stimmrechtsgruppen verstärken.

Am 19. Juni trafen wir in Paris den neuen französischen Finanzminister Michel Sapin. Wir wollten mit ihm das weitere Vorgehen absprechen. Für die Schaffung eines 23. Sitzes im IWF-Exekutivrat war eine Statutenänderung nötig; für diese brauchte es 85 Prozent der Stimmen im IWF. Der Stimmenanteil der USA lag bei 17 Prozent – ohne ihre Zustimmung war also keine Änderung möglich. Das Beispiel zeigt deutlich, dass in den internationalen Organisationen noch einiges zu ändern ist. Ein Grund mehr, ihnen beizutreten, statt draussen vor der Türe zu lamentieren.

In den Sommerferien im bündnerischen Sils Maria erhielt ich einen Anruf von unserem Botschafter Edouard Brunner in Washington. Er erklärte mir, das Federal Reserve System, die amerikanische Notenbank, sei nicht bereit, einem 23. Sitz für die Schweiz zuzustimmen. Wir sollten uns einer europäischen Ländergruppe anschliessen, zwei Jahre warten oder wieder austreten. Darauf konnte ich nur dreimal mit «Nein» antworten. Botschafter Brunner hatte keine andere Antwort erwartet. Doch welchen Ausweg konnten wir finden? Nach längerer Diskussion einigten wir uns darauf, im US-Aussenministerium, dem State Department, nachzufragen, welchen Stellenwert ein schriftliches Versprechen der USA habe, wenn es im entscheidenden Moment nicht eingehalten werde. Schliesslich hatte mir US-Finanzminister Nicholas F. Brady im bereits erwähnten Brief die Unterstützung durch die USA zugesichert.

Schon zwei Tage später erhielt ich die Antwort: Der Sicherheitsberater empfehle dem Präsidenten, die Schweiz unbedingt zu unterstützen, wenn sie die zentralasiatischen Länder in ihre Gruppe aufnehme und diese auch berate. Andernfalls würden diese Länder unter den Einfluss anderer Mächte gelangen, und dies sei nicht im Interesse der USA. So hatte meine damalige, spitze Bemerkung wegen der «diplomatischen Krankheit» des amerikanischen Finanzministers am Schluss noch gute Früchte getragen …

Die Jahresversammlung des IWF im September verlief ohne besondere Spannung. Die Eile hatte sich gelohnt. Für uns war es effektiv die letzte Chance gewesen, in dieser Institution (und der Weltbank) direkt mitbestimmen zu können. Hätten wir sie nicht wahrgenommen, wären wir Aussenseiter geblieben und entsprechend bedeutungslos geworden. Umgekehrt sind der Währungsfonds und die Weltbank durch unsere Mitarbeit etwas offener geworden. Wir haben uns seither, nicht ohne Erfolg, für eine ausgeglichene Währungs- und Kreditpolitik eingesetzt. Keine Frage: Es gibt noch viel zu tun und manches zu ändern. Auch heute noch. Aber jemand muss es tun.

Das verhängnisvolle EU-Beitrittsgesuch

Der positive Ausgang der eidgenössischen Volksabstimmung zum IWF hatte eine unerwartete Konsequenz. Er beflügelte die EU-Euphoriker im Land. Auch jene im Bundesrat.

Für den Montag nach dem Urnengang, morgens um 7 Uhr, war eine kurze Bundesratssitzung angesagt. Wieder einmal ohne Traktandenliste. Dem Vernehmen nach ging es um «Brüssel». Vielleicht hatten einige Kollegen gehofft, an diesem Morgen des 18. Mai 1992 meine Demission nach einer IWF-Abstimmungsniederlage entgegennehmen zu können. Sie hatten sich getäuscht. Jedenfalls war die Stimmung äusserst flau.

Lag es am bevorstehenden Spitaleintritt des Aussenministers René Felber? War es die Sorge um die Zukunft der Schweiz? Ausgerechnet in dieser frühen Stunde sollte das EU-Beitrittsgesuch beschlossen werden. Es war ein simpler Versuch, meinen aussenpolitischen Erfolg umzulenken. Und vor allem war es wieder einmal eine Inszenierung des «achten Bundesrats». Das wurde mir klar, als Flavio Cotti nach einer kurzen Diskussion den Kollegen Adolf Ogi aufforderte, jetzt endlich seinen Antrag für einen EU-Beitritt zu stellen. Diese Gruppe hatte sich praktisch vor jeder Bundesratssitzung getroffen und abgesprochen. Nicht selten war Frank A. Meyer wie ein achter Bundesrat dabei.

Zum Vorgehen passte auch der später gegen mich gerichtete Vorwurf der Indiskretion. Einzelheiten dieser Sitzung waren an die Öffentlichkeit gedrungen. Doch der Vorwurf war völlig aus der Luft gegriffen. Indiskretionen sind nicht mein Stil. Wenn ich etwas sagen will, dann sage ich es deutlich, so dass jeder weiss, woher die Aussage kommt. Und in dieser speziellen Frage hätte ich bestimmt auf die Umstände hingewiesen: Ein derart weitreichender Entscheid wie das EU-Beitrittsgesuch wird in einer kurzen Morgensitzung beschlossen – ohne Traktandierung und ohne schriftliche Begründung! Zudem mit einem denkbar knappen Ergebnis: drei dagegen, vier dafür. Und ausgerechnet Adolf Ogi spielte die Schlüsselrolle – obwohl gerade seine Partei, die SVP, klar gegen einen Beitritt war. Eine wirkliche Diskussion fand nicht statt. Vor allem Flavio Cotti, damals noch Innenminister, drängte zur Eile, weil er angeblich noch einen wichtigen Termin hatte. Unter einem gewissen Zeitdruck stand auch Bundespräsident und Aussenminister René Felber, weil er wenige Tage später für eine Operation ins Spital musste. Keine Frage, der Entscheid hätte unter diesen Voraussetzungen aufgeschoben werden müssen. Doch mein diesbezüglicher Antrag blieb ohne Erfolg. Nur Kaspar Villiger, damals EMD-Vorsteher, und Justizminister Arnold Koller teilten meine Bedenken und votierten gegen das Beitrittsgesuch.

Im Rückblick erscheint mir diese Sitzung wie eine staatspolitische Fata Morgana. Es existiert nicht einmal ein Protokoll. Das EU-Beitrittsgesuch wurde ungeachtet aller Bedenken eingereicht; seither verstaubt es in einer tiefen Schublade der Bundespolitik. Man tröstet sich heute damit, dass es nur eine Sympathieerklärung an die EU gewesen sei, mehr nicht. In Tat und Wahrheit hat es hierzulande den Europäischen Wirtschaftsraum (EWR) verunmöglicht, denn es lieferte den Isolationisten um Christoph Blocher das beste Argument im legendären Kampf gegen den EWR-Beitritt. Dieser wurde am 6. Dezember 1992 vom Volk verworfen.

Das Scheingefecht um die Pensionskasse des Bundes

1994 war ich zum zweiten Mal Bundespräsident. Wenn ich mich an meine beiden Präsidialjahre erinnere, so ist es, wie wenn man eine Schönwetterperiode mit einer Zeit schlechten Wetters vergleicht. Für ein ausgedehntes Tief sorgten damals vor allem die Finanzen. 1988 war noch eine Periode des ausgeglichenen Haushalts gewesen. Das Jahr 1993 aber endete mit einer Zunahme der Verschuldung um 14 Milliarden Franken. Während die Ausgaben um 7,4 Prozent wuchsen, brachen die Einnahmen wegen der schlechten Wirtschaftslage um 6,2 Prozent ein. Auch in Zukunft musste mit Defiziten zwischen 6 und 7,5 Milliarden Franken gerechnet werden. Die Ursache dafür lag weniger in der Finanz- als in der Erfolgsrechnung. Nicht rentable Investitionen und die entsprechenden Schuldzinsen wurden rechtswidrig aktiviert – dies in der Annahme, die Investitionen seien rentabel. Gegen diese Vorstellung kämpfte ich an: hartnäckig, aber erfolglos.

Mehr Erfolg war uns bei der Einführung der Mehrwertsteuer, bei der Erhöhung der Treibstoffzölle und bei der Satzerhöhung für Verkehrsabgaben beschieden. In unserem Finanzministerium löste das nicht nur Freude aus. 1994 begann nämlich die grosse Auseinandersetzung um die Ausgestaltung der Mehrwertsteuer. Prompt regten sich Begehren um spezielle Entlastungen von Wirten, Hoteliers, gemeinnützigen und anderen Institutionen. Andererseits glaubte man im Parlament, jetzt seien alle Probleme gelöst und man könne den Geldhahn wieder aufdrehen. Ein Anreiz zum Sparen war das jedenfalls nicht – trotz der gewaltigen Verschuldung des Bundes. Und der Vergleich unserer Steuersätze mit jenen der EU liess und lässt unsere Parlamentarier im treuen Glauben, neue Ausgaben liessen sich ohne weiteres durch eine Erhöhung der Mehrwertsteuer finanzieren. Ein Trugschluss.

So hat mir einmal ein europäischer Finanzminister geklagt, in seinem Land würden rund 40 Prozent der Mehrwertsteuer hinterzogen. Doch das ist nicht alles. Man kann nicht die Mehrwertsteuer unterschlagen und gleichzeitig die Arbeitnehmer- und Arbeitgeberbeiträge sowie Sozialversicherungsprämien bei der direkten Steuer abziehen. Anders gesagt: Eine hohe Mehrwertsteuer fördert die Schwarzarbeit. Damit entfallen Arbeitnehmer- und Arbeitgeberbeiträge bei den Sozialversicherungen sowie weitere Versicherungsprämien. Gleichzeitig fehlen Steuereinnahmen. Ein klassischer Weg zur Umverteilung von unten nach oben – ganz abgesehen davon, dass die Leute mit tiefen Einkommen durch die Mehrwertsteuer ohnehin stärker belastet werden als jene mit grossen Einkommen.

Der grösste Brocken in meinem zweiten Präsidialjahr war aber die Pensionskasse des Bundes. Ein neues Gesetz über die Freizügigkeit und die Wohneigentumsförderung sollte auf den Beginn des nächsten Jahres in Kraft gesetzt werden. Ich wehrte mich im Bundesrat gegen diesen ehrgeizigen Fahrplan. Das Gesetz war erst im Oktober 1994 beschlossen worden; eine Umstellung in so kurzer Zeit schien mir schlicht unmöglich. Das noch nicht konsolidierte EDV-System musste völlig umgebaut werden. Damit hatten wir ein Privatunternehmen betraut, doch wir mussten den Auftrag mehrmals neu vergeben. Die erste Firma konnte die vertraglichen Verpflichtungen nicht einhalten; im zweiten Fall war der Leiter der beauftragten Tochtergesellschaft eines grossen Unternehmens schlicht unfähig. Dafür sass ein Mitglied der obersten Geschäftsleitung im Nationalrat.

Ein Rückstand im Zeitplan war programmiert. Es war nicht möglich, alle notwendigen Daten zur Berechnung der Freizügigkeitsleistungen von 120 000 Versicherten innert kürzester Zeit zu beschaffen und zu kontrollieren. Es brauchte erstens ein funktionierendes EDV-System. Die Versicherungskasse benötigte zweitens wesentlich mehr Personal. Und drittens mussten die zuständigen Mitarbeiterinnen und Mitarbeiter ein- und umgeschult werden. Ganz zu schweigen davon, dass gleichzeitig noch rund 30 000 Versicherte ihre Einkaufssummen nach den alten Bedingungen individuell erhöhen wollten.

Es ist nachvollziehbar, wenn in einer solchen Situation, ein Jahr vor den Parlamentswahlen, die Direktorin der unter Dauerbeschuss stehenden Pensionskasse krank zusammenbricht und der Stellvertreter seinen Posten quittiert. Elisabeth Baumann, meine frühere persönliche Mitarbeiterin, die bereits zuvor zur Verstärkung des Kaders in die Pensionskasse des Bundes gewechselt war, erklärte sich bereit, die Leitung der Kasse zu übernehmen. Dafür war ich ihr sehr dankbar. Sie nahm ihre Arbeit kompetent und zielstrebig an die Hand. Sie verstärkte das Kader und trieb die Umstellung auf die neuen Vorschriften zum Deckungskapital voran.

Das war kein leichter Job. In diesem Jahr wurden in der Versicherungskasse 1300 Bewerbungen behandelt. Der Mitarbeiterbestand musste mehr als verdoppelt und alle Neuen mussten in die Materie eingeführt werden. Gleichzeitig durfte oder musste das Kader dauernd in allen möglichen parlamentarischen Gremien Rede und Antwort stehen. Elisabeth Baumann leistete eine gewaltige Arbeit. Nur eines konnte sie nicht: zaubern. Eine Arbeit, für die man gewöhnlich Jahre braucht, lässt sich nicht innert einiger Monate erledigen.

Vor dem Inkrafttreten des neuen Freizügigkeitsgesetzes erhielten austretende Mitarbeiter bis nach dem fünften Dienstjahr nur die einbezahlten Arbeitnehmerbeiträge zurück, nicht aber die Arbeitgeberbeiträge. Deshalb sprach man von «goldenen Fesseln». Die Änderung war notwendig. Nicht notwendig oder, besser gesagt, falsch war es, alle Versicherungen des Bundes, der Kantone und der Gemeinden zu privatisieren. Obwohl diese öffentlichen Institutionen gar nicht in Konkurs gehen konnten, waren ihre Pensionskassen nun dennoch verpflichtet, 100 Prozent Deckungskapital zu halten. Später mussten sie auch noch vom Leistungs- auf das Beitragsprimat wechseln.

Als ich 1984 in den Bundesrat kam, hatten wir den – dringend notwendigen – Beschluss gefasst, den Deckungsgrad konstant zu halten, und zwar bei etwa zwei Dritteln. Problematisch ist bei öffentlichen Kassen nämlich nicht die sogenannte Unterdeckung, sondern ein ungenügender oder stark schwankender Deckungsgrad, weil dann ungerechtfertigte Solidaritäten zwischen einzelnen Kategorien von Versicherten entstehen. Die spätere Erhöhung des Deckungsgrades auf 100 Prozent verursachte eine massive Verschuldung, und die erwarteten höheren Renditen an den Börsen lösten sich in Luft auf – in kürzester Zeit beliefen sich die Börsenverluste für die Versicherungskasse auf über 5 Milliarden Franken. Zu diesem Zeitpunkt war ich allerdings schon nicht mehr Bundesrat.

Durch die Privatisierung der Pensionskassen haben nicht die Versicherten gewonnen, sondern die Banken und Versicherungen – sie kassierten viele Millionen Franken. Für den Staat ist es wenig sinnvoll, sich zu verschulden und den Steuerzahler für Gelder, die er erst in 15 bis 20 Jahren braucht, zu belasten – ganz abgesehen von den tiefen Anlagerenditen, die besonders bei kleinen Versicherungssummen kaum die Verwaltungskosten decken und deshalb selbst bei tiefen Teuerungsraten auch in 20 Jahren keinen wirklichen Mehrwert schaffen.

In diesem zweiten Präsidialjahr wurde mir ein grundlegender Wandel in der Politik bewusst: Der politische Kampf war wichtiger geworden als die sachliche Diskussion. Den Beweis lieferte das Parlament, indem es wenige Tage vor meinem Ausscheiden aus dem Bundesrat noch eine Parlamentarische Untersuchungskommission (PUK) zur Pensionskasse beschloss. Die Kasse war gesund und leistungsfähig, auch wenn wir – dem früheren Gesetz entsprechend – nur ein Deckungskapital von 65 Prozent hatten. Nach der späteren Privatisierung und der Erhöhung des Deckungskapitals auf 100 Prozent wurden an der Börse Milliardenverluste eingefahren – nun allerdings ohne PUK …

Die Begegnungen mit Clinton, Arafat und Mandela

Aussenpolitisch war das zweite Präsidialjahr interessanter als das erste. Bereits zu Beginn des Jahres fand in Genf eine Nahostkonferenz statt. Das gab mir Gelegenheit, verschiedene Staatschefs zu treffen, unter anderen den amerikanischen Präsidenten Bill Clinton, den syrischen Staatschef Hafiz al-Assad und Husni Mubarak, den Präsidenten Ägyptens. Mit ihnen konnte ich über die Wünschbarkeit und Möglichkeiten eines Friedens im Nahen Osten diskutieren. Das Hauptproblem war meines Erachtens die politische und wirtschaftliche Situation der Palästinenser, die noch immer zu grossen Teilen ihr Leben in Flüchtlingslagern verbringen mussten. Die vielen Selbstmordattentate verstand ich als Ausdruck ihrer hoffnungslosen Situation. Um diese Haltung zu unterstreichen, luden wir zum Abschluss der Konferenz auch Palästinenserführer Jassir Arafat zu einem offiziellen Besuch ein.

Wenige Tage später meldete sich die israelische Botschaft. Man interessierte sich für meine Eindrücke von der Genfer Konferenz. Ob ich bereit sei, einen Sachbearbeiter der israelischen Regierung zu empfangen. Ich antwortete der Botschaft, dass ich zwar nicht an den Verhandlungen beteiligt gewesen sei, mich jedoch mit allen Parteien in persönlichen Gesprächen unterhalten habe. Daher konnte ich mir ein Bild machen über die Chancen zur Lösung der bestehenden Probleme. Ich stimmte also einem Treffen zu. Ich spürte damals bei allen Parteien den Wunsch und den Willen, am Friedensvertrag von Oslo weiterzubauen. Doch ich war zu optimistisch. Nach der Ermordung des israelischen Ministerpräsidenten Yitzhak Rabin sollte sich das Klima ändern – für viele Jahre.

Der Beitritt zu den Bretton-Woods-Institutionen wertete die Schweiz auf internationaler Ebene auf. Wir wurden zu einem wertvollen Ansprechpartner. Über unsere Ländergruppe konnten wir mit mehreren Staaten einen engeren Kontakt und eine gute Zusammenarbeit pflegen. Zum Beispiel mit Polen. Es war, gemessen am Stimmrechtsanteil, hinter der Schweiz das stärkste Land in unserer Gruppe. Polen setzte auch bei der Demokratisierung wichtige Zeichen. Deshalb freuten wir uns besonders, als Präsident Lech Wałęsa die Einladung zu einem Staatsbesuch annahm. Auch den Präsidenten von Kirgisistan, Askar Akaev, durften wir empfangen. Kirgisistan, das kleine Bergland in unserer zentralasiatischen Gruppe, schien damals ebenfalls auf gutem Weg zu einer Demokratie zu sein.

Ein besonderes Erlebnis war die Inauguration von Nelson Mandela in Südafrika, zu welcher etwa 150 Staatspräsidenten und Regierungschefs eingeladen waren. Die Spannungen nach der politischen Wende waren spürbar und die Sicherheitsmassnahmen gewaltig. Ich sah mich ständig von einem Polizeikordon umgeben. Von einem grossen Buffet wurden die Teilnehmer mit starkem Polizeischutz an die Inaugurationsfeier im Freien geführt. Militärflugzeuge überflogen in mehreren Staffeln den Platz. Als sie abgezogen waren, meinte mein südafrikanischer Begleiter erleichtert: «Jetzt ist alles gut. Sie haben uns nicht bombardiert.» Er habe diese Geschwader während der Apartheid jahrelang im Gefängnis gehört. Treffender konnte man die herrschende Spannung nicht ausdrücken. Der friedliche Übergang von der Rassendiskriminierung in der Apartheid-Republik zu einer demokratischen Gesellschaft ist massgeblich Nelson Mandela zu verdanken.

Die NEAT als finanzielles Debakel

In den achtziger Jahren des letzten Jahrhunderts wurden wichtige Entscheide für eine neue Verkehrspolitik getroffen. Der Verkehr sollte von der Strasse auf die Schiene verlagert werden. Um den öffentlichen Verkehr zu fördern, beschlossen Bundesrat und Parlament eine Reihe von Massnahmen. Die «Bahn 2000» wurde konzipiert, der Bau der Vereinabahn als «rollende Strasse» beschlossen. Und immer drängender stellte sich die Frage einer Neuen Eisenbahn-Alpentransversale (NEAT) für den Nord-Süd-Transit auf der Schiene.

Wo sollte sie gebaut werden, diese NEAT? Welches wäre die beste Linienführung? Darüber wurden lange Debatten geführt und aufwendige Expertisen erstellt. Mehrere Varianten standen zur Diskussion. Die Kantonsregierungen lobbyierten kräftig: Die Westschweiz und Bern favorisierten die Lötschberg-Simplon-Lösung, die Kantone der Innerschweiz und der Nordwestschweiz sowie Zürich, Schaffhausen und Tessin votierten für einen Gotthardbasistunnel. Die Ostschweiz verlangte die Einlösung eines historischen «Ostalpenbahn-Versprechens».

Bei der Beschlussfassung über die Vereinabahn war sich der Bundesrat noch einig gewesen: Es sollte nur noch der Gotthard als Flachbahn- und eigentliche Transitstrecke gebaut werden. Auf den Lötschberg wollte man aus verkehrs- und finanzpolitischen Erwägungen verzichten. Dann trat Adolf Ogi auf die Bühne. Mit dem neuen Verkehrsminister änderte sich die Verkehrspolitik rasch und radikal.

Adolf Ogi trat sein Amt 1988 an. Im gleichen Jahr war ich Bundespräsident. In dieser Funktion führte ich die sogenannten Klausursitzungen ein; sie dienten der Vorbereitung und Diskussion grundsätzlicher Fragen. Zuvor waren solche Themen immer am Schluss der ordentlichen Sitzungen behandelt worden, meist unter Zeitnot. In unserer ersten

Klausursitzung ging es um Verkehrsprobleme. Dabei entschieden wir uns für die Beibehaltung der 28-Tonnen-Limite für Lastwagen und grundsätzlich für die Verlagerung des Schwerverkehrs auf die Schiene. Über diese Beschlüsse orientierte ich die Medien am Schluss der Sitzung.

Am folgenden Tag informierte Bundesrat Ogi über seine ersten 100 Tage im Bundesrat. Dabei sprach er sich klar für die Anhebung der Gewichtslimite für Lastwagen auf 40 Tonnen aus – entgegen den Beschlüssen der Klausursitzung. Nur ein einziger Journalist rief an und fragte, ob der Bundesrat sich tags zuvor nicht für die Beibehaltung der bisherigen Lastwagentonnagen ausgesprochen habe. Das konnte ich bestätigen. Es war die einzige Reaktion auf diesen Widerspruch. Auch das ist Pressefreiheit.

Bereits 1990 erschien die Botschaft zur Verwirklichung der Alpentransversalen mit Gotthard *und* Lötschberg sowie mit verschiedenen anderen kantonalen Projektwünschen, ohne dass eine Wirtschaftlichkeitsprüfung gemacht worden wäre. Zunächst war von mutmasslichen Endkosten in der Höhe von 10,1 Milliarden Franken die Rede. Auch die Zahlen im Bundesbüchlein zur NEAT-Abstimmung vom 27. September 1992 waren kräftig geschönt. Darin wurden die Kosten auf 14,9 Milliarden Franken beziffert – auf meine Intervention hin versehen mit dem kleinen, aber nicht unwichtigen Hinweis: «Hinzu kommen die Zinskosten.» Im Finanzdepartement rechneten wir schon damals mit voraussichtlichen Baukosten von rund 19 Milliarden Franken plus die dafür notwendigen Zinsen von zirka 9 Milliarden Franken.

Traurig, aber wahr: Wir sollten Recht bekommen. Selbst das Bundesamt für Verkehr schätzt die Kosten inzwischen auf 24 Milliarden Franken. Das entspricht einer Kostensteigerung von fast 140 Prozent. Und die NEAT ist nicht fertig gebaut.

Adolf Ogi war nicht zu bremsen. In sechzig Jahren sei die NEAT selbsttragend und schuldenfrei, erklärte der Verkehrsminister 1992 in aller Öffentlichkeit. Die Folgen machten sich sehr bald bemerkbar. Schon die Bundesrechnung 1991 schloss mit einem Defizit von 3,1 Milliarden Franken ab, und den grössten Teil zu diesem Finanzloch trug der verkehrspolitische Tunnelblick bei. So waren beispielsweise umfangreiche Planungen und die Erstellung von Sondierstollen zur NEAT seit längerer Zeit in Arbeit und mussten bezahlt werden. Diese Kosten wurden in der Vermögensrechnung als Darlehen aktiviert, also wie eine Investition behandelt. Das tat man in der Annahme, die entsprechenden Schulden könnten von der NEAT verzinst und amortisiert werden. Wenn man davon ausgeht, dass Investitionen in Zukunft einmal rentabel sein werden und sich die getätigten Ausgaben samt den aufgelaufenen Zinsen durch die Erträge dann zurückzahlen lassen, können entsprechende Aufwendungen in der Vermögensrechnung aktiviert und später getilgt und abgeschrieben werden. Andernfalls sind sie als «normale» Ausgaben zu verbuchen, wodurch sie die Staatsrechnung Jahr für Jahr direkt belasten. Dies wurde am 4. Oktober 1991 auch vom Parlament ausdrücklich bestätigt: Bei jeder Kreditfreigabe sollte die Wirtschaftlichkeit genau überprüft werden. Es blieb beim frommen Wunsch. Hätte man die korrekte Verbuchungspraxis angewendet, wäre dies das frühzeitige Ende der Bohrung am Lötschberg gewesen. Man hätte nämlich eingestehen müssen, dass die Netzvariante, das heisst die Gotthard-Lötschberg-Kombination, nie rentieren würde. Erst 1996, nach meinem Rücktritt aus der Landesregierung, beschlichen den Bundesrat ernsthafte Zweifel, ob die an die Eisenbahnunternehmen gewährten Darlehen je zurückbezahlt werden können. Zu spät für eine grundlegende Umkehr. Nun tragen vor allem künftige Generationen den riesigen Schuldenberg ab.

Der Entscheid für den Lötschberg war letztlich eine lokalpatriotische Aufwallung: Adolf Ogi wollte seiner Heimat eine Freude machen. Die schönste «Begründung» war, der Lötschberg-Basistunnel müsse wegen der Romandie gebaut werden. Es wird allerdings kaum je ein Romand diesen Tunnel benützen, um nach Bern zu fahren. Zudem sind die Zufahrten auf beiden Seiten des Lötschbergs ungenügend, und wenige Kilometer nach dem Ende des Tunnels beginnt das italienische Schienennetz. Die staatliche Eisenbahngesellschaft Italiens, die Ferrovie dello Stato, wird sich jedoch nicht gross an der Deckung unserer Kosten beteiligen.

Im Finanzdepartement waren wir überzeugt, dass die Investition in den Lötschberg nie rentieren würde. Weder die SBB noch die Bern-Lötschberg-Simplon-Bahn BLS erschienen in der Lage, die milliardenschweren Schulden aus den Erträgen der NEAT zu verzinsen und zu amortisieren. Deshalb verlangten wir die Verbuchung dieser Kosten über die Finanzrechnung mit direkter Abschreibung – schliesslich hat das Finanzdepartement über die Verbuchung zu befinden. Doch wir bissen auf Granit. Ein Antrag von Ulrich Gygi, damals Chef der Finanzverwaltung, hatte bei Max Friedli, dem Direktor des Bundesamts für Verkehr, absolut keine Chance. Auch meine eigenen Bemühungen im Bundesrat blieben weitgehend ergebnislos. Der Lötschberg-Basistunnel wurde aus persönlichen, regionalen und kommerziellen Interessen durchgesetzt.

Angesichts der fatalen Konsequenzen, die daraus zu erwarten waren, führten wir im Finanzdepartement noch eine eigene Wirtschaftlichkeitsrechnung durch. Wir überprüften die damals zur Diskussion stehenden drei Varianten: jene durch den Gotthard, jene durch den Lötschberg sowie die Netzvariante von Gotthard und Lötschberg zusammen. Keine Variante ergab ein positives Resultat. Ein betriebswirtschaftlich rentabler Betrieb der NEAT war auszuschliessen. Am besten schnitt noch der Gotthard ab, eindeutig und mit Abstand am schlechtesten war die Variante mit dem gleichzeitigen Bau von Gotthard- und Lötschberg-Basistunnel. Das hinderte den Bundesrat nicht daran, an seiner Vorliebe für die schlimmstmögliche Variante festzuhalten und mit der gesetzeswidrigen Verbuchung der Ausgaben fortzufahren. Man wollte den Lötschberg um keinen Preis aufgeben.

Deshalb versuchte ich, die Öffentlichkeit aufzurütteln. Zum Beispiel durch ein Interview im Westschweizer Radio. Auch die übrigen Medien berichteten. Die Berner Regierung und die BLS reagierten harsch. Im Vordergrund der Berichterstattung standen meine Sturheit und die Verletzung des sogenannten Kollegialitätsprinzips. Immer öfter hiess es, ich solle jetzt endlich «den Mund halten». Das fand auch Hans Uhlmann (SVP), damals Präsident der ständerätlichen Verkehrskommission. Er schrieb am 29. Mai 1995 an den Bundesrat, man solle doch bitte dafür sorgen, dass ich nicht mehr gegen Beschlüsse der Landesregierung Stellung nehme. Ein seltsames Demokratieverständnis! Ein Parlamentarier wollte einem Bundesrat verbieten, auf die katastrophalen Folgen einer falschen Politik hinzuweisen und auf gesetzeswidrige Entscheide aufmerksam zu machen.

Enttäuscht haben mich in dieser Auseinandersetzung auch die Medien. Sie tragen laut ihrem Selbstverständnis zur demokratischen Meinungsbildung bei und haben eine wichtige Wächterfunktion. Davon war im milliardenteuren NEAT-Finanzdebakel wenig zu spüren. Die Journalisten konnten oder wollten nicht Stellung nehmen, wenn dies den Verlegern, einer starken Lobby, bestimmten Inserenten oder einer grösseren Gruppe von Leserinnen und Lesern nicht passte. Die Pressefreiheit schützt offensichtlich auch das Recht auf Duckmäusertum. Es ist einfacher und wohl auch rentabler, mit der grossen und unkritischen Masse zu gehen.

Die NEAT-Diskussion beschäftigte den Bundesrat während meiner Amtszeit etwa sechs Jahre lang. Der definitive Entscheid zum gleichzeitigen Bau von Gotthard- und Lötschberg-Basistunnel und zur vollständigen Finanzierung durch Kapitalaufnahme sowie zur Verzinsung und Amortisation aus den Erträgen wurde an der ersten Sitzung nach den Sommerferien 1995 gefällt – gegen meinen Widerstand. Diesen finanziell desaströsen Beschluss konnte ich nicht mehr verantworten. Ich entschloss mich deshalb noch in jener Sitzung, von meinem Amt zurückzutreten.

Noch heute stehen mehrere Ordner mit Unterlagen ausschliesslich zur NEAT in meinem Arbeitszimmer. Sie erinnern mich an den schlimmsten Fall von Lobbying unter der Federführung eines SVP-Bundesrates. Beim Lötschberg wird das teuerste Denkmal der Schweiz gebaut.

Was bleibt zu tun? Entweder tragen die Schweizer Steuerzahlerinnen und Steuerzahler die Kosten des Transitverkehrs durch die Schweiz und nehmen die damit verbundene Luftverschmutzung in Kauf, oder aber wir führen eine Maut ein, um den Verkehr wirklich auf die Schiene zu bringen und wenigstens einen Teil der Kosten auf die Nutzniesser abzuwälzen. Oder, als letzte Konsequenz: Wir kündigen das Transitabkommen mit der EU, das sich nur zu Lasten der Schweiz auswirkt.

Feier im «Lohn» zum 60. Geburtstag. Oben Otto Stich und Ehefrau Trudi. Unten: Otto und Trudi Stich, links Hans Peter Tschudi, ganz rechts Carl Miville.

Otto Stich und Hedi Lang an der Bundespräsidentenfeier vom 10. Dezember 1987 in Solothurn.

Otto Stich und Jean-Pascal Delamuraz auf der «Schulreise» des Gesamtbundesrates nach Kleinlützel am 30. Juni 1988.

Bundesrat Otto Stich und Nationalbankpräsident Markus Lusser unterzeichnen am 29. Mai 1992 in Washington die Beitrittsakten zum Internationalen Währungsfonds der IWF/Weltbank.

Otto Stich in Buchara, Usbekistan, Ostern 1993.

«Schulreise» des Gesamtbundesrates nach Interlaken am 2. Juli 1993. Die Bundesräte in der Küche des *Grand Hotel Victoria-Jungfrau*. Ganz rechts Otto Stich, links Adolf Ogi, in der Mitte Arnold Koller.

Staatsbesuch von Lech Wałęsa in der Schweiz, 25.–27. Mai 1994.

III. Stichworte

Meine Gedanken zur Zukunft

Ein mediales Lehrstück

Ivo Bachmann

Was für ein Finale! Zürich, 23. September 1995. Es läuft die heisse Phase im eidgenössischen Wahlkampf. Christoph Blochers SVP mobilisiert zur Anti-EU-Kundgebung, die SP ruft zur Anti-SVP-Demo. Die einen marschieren mit Treicheln und Kavalleriepferden entlang der Bahnhofstrasse, die anderen strömen mit roten Fahnen und handgemalten Transparenten auf den Platzspitz.

Die Linke will ein Zeichen setzen für eine offene, solidarische Schweiz – und gegen den Stil der SVP, die mit Messerstecher-Inseraten gegen «Linke und Nette» hetzt. 12 000 «Blocher-Müde» versammeln sich, darunter ein paar Linksfreisinnige und Christlichsoziale, vor allem aber Genossinnen und Genossen jeden Alters. Ein grosser, bunter Haufen politisch Engagierter. Ihre besondere Aufmerksamkeit gilt Otto Stich. Der abtretende Bundesrat, noch knapp fünf Wochen im Amt, hat sich von Parteifreunden bewegen lassen, an der Anti-SVP-Veranstaltung teilzunehmen. Sein Auftritt wird von der Menge gross gefeiert – «Ottos letzter Sieg», schreibt der «Blick».

Stichs Rede erfolgt in gewohnter Manier: leise im Ton, deutlich und widerborstig in der Botschaft. Die Inseratekampagne der SVP erinnere ihn «an die Propaganda der Nationalsozialisten». Kopfnicken in der Menge. Die Ausgrenzung politisch Andersdenkender dürfe «nicht zum Stil der politischen Auseinandersetzung in der Schweiz werden, genau so wenig wie Gewalt». Applaus. Und trotzdem müsse man auch mit einem Christoph Blocher «den Dialog führen». Einige Pfiffe.

Otto Stich auf dem Zenit seiner Popularität. Der geborene Anti-Star als Liebling der Massen, als Darling der Medien. Ein Phänomen, das allen Regeln und Rezepten der PR-Apostel widerspricht. Wie war das möglich?

Als Otto Stich im Dezember 1983, gegen den Willen seiner Parteileitung, in den Bundesrat gewählt wurde, brach via Medien ein heftiges Gewitter los. Parteimitglieder forderten ihn zum Rücktritt auf, die SP-Parteiführung verkündete den baldigen Austritt aus dem Bundesrat. Die wenigen linken Medien, die es damals noch gab, sahen in Otto Stich eine Marionette der Bürgerlichen. Und auch die meisten übrigen Journalisten gaben ihm wenig Kredit. «Ein vernünftiger Sozialdemokrat» – das war in etwa das Freundlichste, was in den Zeitungen über das neue Mitglied der Landesregierung zu lesen stand.

Mit besonderem Eifer schossen sich die Ringier-Medien, allen voran der «Blick», auf den Finanzminister ein. Sie hatten ihren «Willi» verloren. Stichs Vorgänger Willi Ritschard war der Liebling der Boulevard-Presse gewesen: bodenständig, witzig, eloquent. Zu jeder Wanderung bereit. Sein Wegbegleiter war Frank A. Meyer; der langjährige Ringier-Chefpublizist fand in Ritschard einen Bruder im Geiste. Und einen Türöffner im Bundeshaus. Bald tafelte Meyer mit den Bundesräten, als wäre er Ständerat der vierten Gewalt. Mit Otto Stich kühlte sich diese Liaison schnell und deutlich ab. Meyers erstes Ersuchen um ein gemeinsames Mittagessen liess der neugewählte Bundesrat abblitzen. Auch später begegnete man sich nur mit kühler Höflichkeit.

Umso heissblütiger war der «Blick». Er erhitzte sich jahrelang am bocksbeinigen Finanzminister. Es war die erste wirkliche Personalisierung eidgenössischer Politik in den Medien. Ob Schwerverkehrsabgabe, Autobahnvignette oder Heizölzoll – der «Blick» kämpfte mit fetten Lettern gegen diese «Stich-Steuern».

Bald legte sich die «Neue Zürcher Zeitung» (NZZ) in den gleichen Schützengraben und zielte auf den «Fiskalisten Stich» und dessen «ideologische Halsstarre».

Otto Stich liess sich vom Kanonendonner in der Presselandschaft nicht gross beeindrucken. Er orientierte sich lieber an den Bürgerbriefen, die auf seinem Pult landeten. Diesen zufolge schien eine Mehrheit seine Politik zu unterstützen. Und je heftiger die Attacken wurden, umso mehr Respekt, gar Bewunderung, fand er im Volk – als Robin Hood der Bundeskasse, als Kämpfer für Steuergerechtigkeit.

Beim Werben um die Volksgunst half ihm das Fernsehen. Ausgerechnet das Fernsehen! Otto Stich ist kein grosser Kommunikator. Er kann sich «weder in Szene setzen noch sich selber darstellen», wie Oswald Sigg, sein damaliger Pressesprecher, in einem Buchbeitrag erklärt («Otto Stich und die Kunst des Möglichen»). Stich spricht betont leise, argumentiert ruhig und sachlich, referiert ohne jede Theatralik. Einzig sein Mimenspiel schafft Auflockerung. Man muss genau hinsehen und genau hinhören, wenn Otto Stich das Wort ergreift. TV-Kameras und Mikrofone ermöglichen dies.

Dabei begegnete Otto Stich den neuen Trends in den Medien, namentlich der Personalisierung politischer Sachgeschäfte, anfänglich mit grosser Skepsis. Diese Entwicklung hätten die schweizerischen Medien «zu unbedacht übernommen». Denn hierzulande seien die Träger politischer Inhalte meist Gruppen und nicht Einzelpersonen. Der «Zwang zur attraktiven Verpackung» könne zur «Verfälschung tatsächlicher Verhältnisse» führen.

Also waren von Otto Stich auch keine Homestories zu haben. Sein Privatleben schottete er völlig ab, seine Familie schützte er konsequent vor dem neugierigen Blick der Öffentlichkeit. Er war die Antithese zu den Medienkarrieren moderner Politiker. Seine Wanderungen im Jura und im Engadin unternahm er – mit wenigen Ausnahmen – ohne Pressefotografen.

Und trotzdem wurde Otto Stich zum Star der politischen TV-Debatte. Während andere Bundesräte über den konfrontativen Stil der Sendung «Arena» des Schweizer Fernsehens lamentierten und laut über einen Boykott nachdachten, stellte sich Stich mit trotziger Gelassenheit in den Ring und erklärte der Nation, warum man Steuern erheben, Mehrausgaben vermeiden, Schulden abbauen müsse.

Am Ende war nicht nur das Fernsehvolk überzeugt und die eigene Partei versöhnt. Auch der «Blick» klatschte Beifall: «Gut gemacht, Otto Stich!» Sogar die Bankenwelt fand anerkennende Worte. Otto Stich sei ein «überaus gewissenhafter Staatsmann», eine «starke Persönlichkeit» und ein «hervorragender, im besten Sinne haushälterischer Finanzminister» gewesen, lobte der Präsident der Schweizerischen Bankiervereinigung, der Basler Jurist Georg Krayer, nach Stichs Rücktritt aus dem Bundesrat.

Vom spröden Kassenwart zum gefeierten Staatsmann: die Geschichte von Otto Stich ist auch ein mediales Lehrstück. Es zeigt: Weit wichtiger als die geschliffen telegene Inszenierung sind Authentizität und Glaubwürdigkeit. Der Genosse Otto sei zwar stets sehr stur und hartnäckig gewesen, jedoch «kein politischer Blender», erklärt Helmut Hubacher, der langjährige SP-Parteipräsident. Und Hubacher zeichnet ein hübsches Bild: «Wer ihn einmal im Gartencenter beim Einkauf von Setzlingen beobachtet hat, begreift den Wandel vom Buhmann zu ‹Otti›: Er könnte der Nachbar von nebenan sein.»

Stich selbst meint: «Ich blieb einfach einfach.» Er blieb einfach er selbst. Stich, Otto; Schweizer Bürger und Sozialdemokrat, Dornach. Und dies – nicht sehr zur Freude der politischen Klasse – auch noch in seinen vielen Wortmeldungen als alt Bundesrat.

Die Zweiklassengesellschaft überwinden

Wir leben im Zeitalter der Globalisierung. Das wird uns in der aktuellen Finanz- und Wirtschaftskrise drastisch vor Augen geführt.

Heute zählt vor allem der Wettbewerb. Er ist zwar notwendig in einer Marktwirtschaft. Doch eine freie und gerechte Gesellschaft sollte allen Menschen die gleichen Chancen bieten. Die Realität sieht anders aus. Schnelles Umsatzwachstum und Renditeoptimierung sind zum Mass der Dinge geworden. Immer mehr Arbeitsplätze werden in Billiglohnländer verlagert oder durch Automatisierung und Technologisierung zunichte gemacht. So hatten wir – bereits vor dem Ausbruch der neuesten Finanz- und Wirtschaftskrise – in den Ländern der EU rund 20 Millionen Arbeitslose. Es werden laufend mehr.

Arbeitslosigkeit bedroht nicht nur unzählige Familien in ihrer Existenz. Sie gefährdet auch das friedliche Zusammenleben in der Gesellschaft. Zwar ist unser Volkseinkommen während der letzten Jahre leicht angestiegen. Doch das sagt nichts aus über seine Verteilung. Die meisten Lohnempfänger kennen seit Jahren praktisch keinen Teuerungsausgleich mehr. Und die Gemeinden und Städte haben immer höhere Soziallasten zu tragen. Der Hauptgrund liegt in der notwendigen Unterstützung für Menschen ohne ausreichendes Einkommen.

Wo es Verlierer gibt, finden sich Profiteure. Die Löhne, Gewinnbeteiligungen und Ausschüttungen für Manager sind in den vergangenen Jahren sprunghaft angestiegen. Einige kassieren über 20 Millionen Franken pro Jahr. Kann man so viel Geld «verdienen»? Verboten ist es nicht, unmöglich schon gar nicht. Schliesslich sind bei diesen «Lohn»-Entscheiden die Verwaltungsräte unter sich, und sie haben gemeinsame Interessen. So wurde unlängst ein Verfahren gegen zwei Ex-Manager des Elektrotechnikkonzerns ABB eingestellt. Sie hatten Abgangsentschädigungen von über 100 Millionen Franken kassiert. In der gerichtlichen Begründung hiess es, es hätten sich keine strafbaren Handlungen gezeigt. Die Entschädigung sei ordnungsgemäss beschlossen worden.

«Ordnungsgemäss»: schön gesagt! Von Angemessenheit ist keine Rede. Das offenbart den in diesen Schichten grassierenden extremen Egoismus. Dieser zeigt sich nicht nur bei Salärfragen. Er äussert sich auch in der Gier nach immer mehr in immer kürzerer Zeit. Zum Beispiel an den Börsen: Der deutsche Bankier und Politiker Georg von Siemens hat sie einmal als «Monte Carlo ohne Musik» bezeichnet. Les jeux sont faits. Die exorbitanten Bezüge sogenannter Top-Manager sind eine ungerechtfertigte Bereicherung. Punkt. Sie sind als ungetreue Geschäftsführung zu betrachten.

Wir leben de facto in einer Zweiklassengesellschaft. Die unterschiedliche Entwicklung der grossen Einkommen und Gewinne gegenüber jener bei mittleren und kleinen Einkommen ist nicht nur ungerecht; sie ist auch Gift für die Volkswirtschaft. Werden in einer schwierigen wirtschaftlichen Phase die kleinen und mittleren Einkommen reduziert, so geht dadurch automatisch auch die Nachfrage nach Konsumgütern zurück. Die Folgen sind absehbar: Es werden weitere Stellen gestrichen, um einen Betrieb erhalten zu können oder – auch das gibt's! – um noch höhere Gewinne zu erzielen. Ein Kreislauf nach unten. Einen solchen wählen auch manche Politiker ganz unbesorgt. Sie verlangen, in wirtschaftlich schwieriger Zeit müsse auch der Staat mit Sparen beginnen und Leute entlassen. Doch mit solchen Massnahmen hilft man der angeschlagenen Wirtschaft nicht, ganz im Gegenteil: Man verschlimmert die Situation. Merken das die Politiker nicht? Oder wollen sie die Probleme nicht sehen, weil sie an einer falschen Politik aus persönlichen Motiven interessiert sind?

Mehrere Sparprogramme haben wir bereits hinter uns. Mit welchem Erfolg? Die Volkswirtschaft ist nicht stärker geworden. Denn Sparen kann man durchaus zur falschen Zeit. Und vor allem: am falschen Ort.

Die Sozialversicherungen reformieren

Dringend notwendig ist ein Systemwechsel in der Sozialpolitik. Ziel muss die Sicherung der Existenz aller im Lande lebenden Menschen sein. Statt die Lohnbeiträge für AHV, IV oder Pensionskassen wegen der gestiegenen Lebenserwartung zu erhöhen oder von den Versicherten gar noch Nachzahlungen zu verlangen, sollten unsere Sozialwerke auf eine grundlegend neue Basis gestellt werden. Die Unterscheidung von Minimal- und Maximalrenten könnte wegfallen und durch eine einzige Rente bei AHV und IV ersetzt werden. Diese müsste etwa auf der Höhe der heutigen Maximalrente festgelegt werden, um das Existenzminimum abzudecken.

Das kostet zwar Geld, schätzungsweise 1,5 Milliarden Franken pro Jahr für den Bund und die Kantone. Eine solche Summe ist aber nicht übermässig viel, wenn wir bedenken, dass dafür nicht nur die Sozialhilfe entlastet, sondern auch unsere Wirtschaft gefördert würde – durch die Erhöhung der Kaufkraft vieler Menschen. Gleichzeitig könnten die verschiedenen Mehrwertsteuersätze fallen gelassen werden zugunsten eines einheitlichen Satzes. Dies würde eine wesentliche Vereinfachung und mehr Gerechtigkeit bedeuten.

Auch wenn sich die Konjunktur wieder erholt, so ist in Zukunft doch mit dauernder Arbeitslosigkeit zu rechnen. Deshalb ist es sinnvoll, eine neue Rente für Beschäftigungslosigkeit zu schaffen. Wie könnte sie aussehen? Sie müsste das Existenzminimum abdecken wie bei AHV und IV. Ihre Bezügerinnen und Bezüger sollten verpflichtet sein, gegen ein bescheidenes zusätzliches Entgelt gemeinnützige Arbeiten zu verrichten. Für jugendliche Beschäftigungslose könnten Aus- und Weiterbildungskurse angeboten werden, sogar mit einem kleinen Taschengeld für die Teilnahme. Das wäre jedenfalls besser, als Jugendliche auf den Strassen herumhängen zu lassen und zuzusehen, wie sich Hoffnungslosigkeit und Extremismus unter ihnen ausbreiten.

Grosse ungelöste Probleme stellen sich auch in Hinblick auf die Krankenversicherung. In den vergangenen Jahren und Jahrzehnten haben wir bei den Krankenkassen einen massiven Prämienanstieg erlebt. Weitere Kostensteigerungen stehen bevor. Sicher spielt die Lebenserwartung eine wichtige Rolle: Die Versicherten werden immer älter. Doch der ganze Anstieg ist allein damit nicht erklärt.

Soll das Obligatorium aufgehoben werden, wie dies von der SVP gefordert wird? Das Gegenteil ist richtig. Die Versicherungen müssen zu einer Einheitskasse zusammengeschlossen werden. Dann erübrigt sich auch der Kampf um die sogenannten «günstigen Risiken», also um gesunde, meist junge Versicherte. Allein die Werbekosten der Krankenkassen fressen heute rund zehn Prozent der Prämieneinnahmen weg, obwohl die Grundversicherung doch obligatorisch ist. In einer Einheitskasse können die Prämien günstiger und sozialer ausgestaltet werden.

Darüber hinaus sind in der Schweiz die Kosten für Arzneimittel eindeutig zu hoch. Zwar ist vor einiger Zeit eine Vereinbarung zur Senkung einzelner Preise mit dem Preisüberwacher zustande gekommen. Gemerkt hat man davon bis jetzt aber wenig.

Wie unnötige Gesundheitskosten entstehen, lässt sich im persönlichen Alltag feststellen. Zum Beispiel bei den Medikamenten gegen einen zu hohen Cholesterinwert. Sie senken den Blutfettspiegel und dienen der Vorbeugung von Herzinfarkt und Schlaganfall. Der Arzt hat mir davon eine tägliche Dosis von 10 Milligramm verschrieben. Seit einiger Zeit ist dieses Medikament empfindlich teurer. Der Grund: Man hat für die Dosierungen in 10, 20, 40 und 80 Milligramm einen Einheitspreis durchgesetzt. Eine Packung mit 100 Tabletten kostet jetzt weit über 200 Franken. Wenn ein Patient, der nur 10 Milligramm braucht, nun also die 10-Milligramm-Packung verschrieben erhält, dann bezahlt er doppelt so viel wie jemand, der die 20-Milligramm-Packung kauft und die Tabletten halbiert ... Wohlgemerkt: Hier handelt es sich um eines der meistverkauften Medikamente in der Schweiz.

Oder nehmen wir ein anderes Beispiel aus meiner Hausapotheke, ein Hilfsmittel zur Bestimmung des Blutzuckers. Es ist für ältere Menschen wichtig, weil viele an Überzuckerung leiden. Wenn der Arzt zu einer dreimaligen Messung pro Tag rät, zahlt man pro Monat nur für diese Kontrolle rund 100 Franken, auch wenn man sie selbst durchführt. Das Messplättchen, das sich nur einmal verwenden lässt, ist bloss einige Millimeter gross. Und es gibt in der Schweiz mindestens eine Viertelmillion Diabetiker. Man rechne ...

Angesichts solcher Beispiele muss man sich nicht wundern über steigende Krankheitskosten – und genauso wenig über die enormen Gewinne der Pharma-Unternehmen. Die überreichen Ausschüttungen an ihre Führungskräfte sind häufig unverdient verdientes Geld.

Mehr Steuergerechtigkeit anstreben

Vom Streben nach Solidarität und Gerechtigkeit ist in bestimmten Gesellschaftsschichten nicht viel zu spüren. Dafür umso mehr von Egoismus. Beispiele finden wir in grosser Zahl. Prominente Steuerpflichtige verlegen ihren Wohnsitz etwa von Basel oder aus dem Baselbiet in eine steuergünstige Gemeinde im Kanton Zug oder im Kanton Schwyz. Sie machen damit nichts Verbotenes, sondern zeigen einfach, dass sie sich in der Gewinnmaximierung bestens auskennen: Sie sparen Millionen. Was aber halten diese Leute wohl von der schweizerischen Demokratie, deren Steuergesetzgebung solche Dinge nicht nur zulässt, sondern provoziert?

Ich habe mich in meinem politischen und beruflichen Leben oft mit Steuerfragen befasst. Mein Fazit ist ernüchternd. Offensichtlich ist das heutige Steuersystem trotz oder gerade wegen der drei Steuerhoheiten – Bund, Kantonen, Gemeinden – nicht in der Lage, für Gerechtigkeit zu sorgen.

Es sind generelle Änderungen nötig, und das Gewicht muss dabei auf der Bundessteuer liegen. So darf Steuerhinterziehung nicht mehr als Gentleman-Delikt behandelt werden. Sie muss dem Steuerbetrug gleichgestellt und mit Busse und Gefängnis bestraft werden. Ein Betrüger der Allgemeinheit darf nicht besser behandelt werden als ein Betrüger im zivilrechtlichen Bereich.

Was ich bereits seit Jahrzehnten fordere, muss nun auf Druck der internationalen Staatengemeinschaft vollzogen werden: Die Schweiz übernimmt den OECD-Standard in Steuersachen, gewährt also auch Auskunft bei Steuerhinterziehung. Man hätte sich diesen finanzpolitischen Kniefall und dieses aussenpolitische Debakel ersparen können. Die konsequente Bekämpfung von Steuerdelikten erfolgt nämlich im ureigenen Interesse unseres Staates. Leider ist dieses Ansinnen bei der Schaffung des Harmonisierungsgesetzes abgelehnt worden. Eine entsprechende Anpassung sollte jetzt endlich vorgenommen werden – nicht nur in internationalen Steuerangelegenheiten, sondern auch bei eidgenössischen, kantonalen und kommunalen Steuern.

Wie könnte eine neue, einfachere und gerechtere Steuererklärung aussehen? Wichtig ist ein für alle Steuern verbindlicher Lohnausweis. Zudem sollten sämtliche Abzüge abgeschafft werden. Sie tarnen sich zwar als «Sozialabzüge». In Tat und Wahrheit aber schaffen sie nicht Gerechtigkeit oder sozialen Ausgleich, sondern nur Erleichterungen für grosse Einkommen. Bei einem Verzicht auf die Abzüge könnten die Steuersätze entsprechend reduziert werden.

Notwendig ist auch die Besteuerung von Kapitalrückzahlungen, solange nicht das ursprünglich einbezahlte Kapital reduziert wird. Faktisch handelt es sich hier meist um eine verdeckte Gewinnausschüttung mit dem Ziel, dem Empfänger Steuerleistungen zu ersparen. Solche Privilegien sind eines demokratischen Staates unwürdig.

Ich weiss: In einem föderalistischen System ist eine auch nur annähernd gleiche Steuerbelastung nicht zu erreichen, und sie ist eigentlich auch nicht wünschenswert. Die Bürgerinnen und Bürger wollen in den einzelnen Gliedstaaten über die Steuerhöhe entscheiden können. Damit aber bei grossen Einkommen keine Differenzen entstehen, welche die Steuerflucht begünstigen, ist es notwendig, dass sich die Kantone für die grossen Einkommen auf einen Minimalsatz einigen. Das ist nicht auf freiwilliger Basis zu erreichen. Deshalb muss der Bund die Tarife für grosse Einkommen festlegen, wenn man der Steuerflucht Grenzen setzen will. Das ist kein Plädoyer gegen den Föderalismus in Steuerfragen, nur eine zwingend notwendige Massnahme gegen seinen Exzess. In allen übrigen Einkommensbereichen blieben die Kantone und Gemeinden steuerpolitisch autonom.

Das Eintreiben von Steuern ist kein Selbstzweck, weder in der Gemeinde noch beim Kanton, noch beim Bund. Mit den Steuereinnahmen finanziert die öffentliche Hand nicht nur die Arbeitsplätze in der Verwaltung, sondern generell alle Leistungen, die der Öffentlichkeit in der einen oder anderen

Art zugute kommen. Eine verantwortungsvolle Finanzpolitik beachtet den gleichen Grundsatz wie ein Privathaushalt: Man kann langfristig nicht mehr ausgeben als man einnimmt. Oder andersherum: Will man mehr ausgeben, muss man mehr einnehmen. Schulden verlagern ein Finanzierungsproblem nur auf spätere Zeit.

Soweit die Theorie. In der Praxis türmen sich Schulden in Milliardenhöhe. Auch beim Bund ist die finanzielle Situation angespannt, um nicht zu sagen: dramatisch. Der Schuldenberg bewirkt eine Zinslast von mehreren Milliarden Franken, Jahr für Jahr. Und damit ist noch kein einziger Schuldenfranken zurückbezahlt. Dabei sind die Zinssätze heute ja relativ günstig, liegen unter zwei Prozent; während meiner Amtszeit pendelten sie phasenweise zwischen sechs und acht Prozent. Zur Verdeutlichung: Ein Zinsanstieg um nur ein Prozent erhöht die jährliche Zinslast des Bundes um mehr als eine Milliarde Franken. In nächster Zeit ist ein massiver Anstieg zwar nicht zu erwarten, für die Zukunft aber auch nicht auszuschliessen. Und irgendwann einmal müssen wir – oder vielmehr: unsere Nachkommen – die Schulden zurückzahlen, wenn wir nicht den Wert des Frankens aufs Spiel setzen wollen wie die Amerikaner den Wert des Dollars oder die EU-Staaten den Wert des Euros.

Gibt es, um solches zu verhindern, nicht eine Schuldenbremse, die vom Volk mit überwältigender Mehrheit angenommen wurde? Doch, die gibt es. Aber man hat den Bürgerinnen und Bürgern Sand in die Augen gestreut. Die Schuldenbremse bezieht sich nämlich nur auf die Verwaltungsrechnung; hier müssen Einnahmen und Ausgaben im Gleichgewicht gehalten werden. Das verhindert jedoch nicht allfällige Milliardendefizite in der Vermögensrechnung, die ausgelöst werden durch übertriebene Investitionen oder durch Fehlinvestitionen wie beim Lötschberg-Basistunnel. Kurzum: Die eingeführte Schuldenbremse ist eine schöne Illusion.

Die Bio-Landwirtschaft fördern

Wie kommt ein Finanzpolitiker dazu, sich mit Landwirtschaftsfragen zu befassen? Das ist eine längere Geschichte.

Erfahrungsgemäss werden zu Beginn einer neuen Legislaturperiode die als am wichtigsten erachteten Kommissionen von bisherigen Ratsmitgliedern besetzt. Das war schon früher so und ist heute nicht anders. Deshalb machte ich mir 1963 nach meiner Wahl in den Nationalrat auch keine Illusionen. Die Sitze in den angeblich wichtigen Kommissionen waren für andere reserviert. Ich beschloss, mich vor allem mit der Landwirtschaft zu beschäftigen. Einerseits hatte dieses Fachgebiet in der SP-Fraktion keinen grossen Stellenwert; andererseits gab es hier viel zu tun, war doch die Schweizer Landwirtschaftspolitik darauf ausgelegt, möglichst viel zu produzieren, unbekümmert um Qualität und Absatzmöglichkeiten. Eine Kommissionssitzung folgte auf die andere. Ich nahm fleissig daran teil. Aber meistens war die Zusammensetzung so, dass ich und Gleichgesinnte keine Möglichkeit hatten, uns durchzusetzen oder gar eine Mehrheit für neue Ideen zu finden.

So stritten wir auch im Frühjahr 1971 wieder einmal hart, aber ohne Erfolg, über landwirtschaftliche Grundsatzfragen. Nach der Sitzung war ich frustriert und demotiviert. Ich erklärte, mich in Zukunft nicht mehr in Landwirtschaftskommissionen delegieren zu lassen, denn erreichen könne man hier nichts. Stattdessen wollte ich mich auf die Finanzpolitik konzentrieren. Der damalige Bundesrat und Volkswirtschaftsminister Ernst Brugger dankte für meinen Einsatz; in den meisten Punkten sei er ja jeweils mit mir einverstanden gewesen. Und ohne meine Hartnäckigkeit hätte er der Agrarlobby noch mehr nachgeben müssen. Das war nett gemeint, konnte mich aber nicht umstimmen.

Der Zufall wollte es, dass im selben Jahr der damalige Zürcher EVP-Nationalrat Heinrich Schalcher eine Motion einreichte, deren Begehren auf meiner landwirtschaftspolitischen Linie lag. Schalcher verlangte ein Bundesamt für biologischen Landbau. Der Bundesrat und sämtliche eidgenössischen Forschungsanstalten lehnten seine Forderung natürlich ab. Sie argumentierten, es gebe keine wissenschaftliche Begründung für die Notwendigkeit einer umweltschonenderen Landwirtschaft. Entsprechend mager war das Abstimmungsergebnis: Nur knapp 20 Nationalräte unterstützten den Vorstoss. Schalchers Idee war der Zeit voraus.

Erfreulicherweise liess sich Heinrich Schalcher von der politischen Ignoranz nicht unterkriegen. 1973 gründete er eine Stiftung zur Förderung des biologischen Landbaues. Diese Stiftung fristete zunächst zwar ein wenig beachtetes Dasein und hatte nur bescheidene finanzielle Mittel zur Verfügung. Aber ihre Anhänger kämpften über Jahre und Jahrzehnte hinweg mit Überzeugung und Herzblut für einen Wandel in der Landwirtschaft. So kam ich sehr viel später, als Bundesrat, über einen Umweg wieder auf dieses Thema zurück.

Ich hatte mir als Finanzminister vorgenommen, den defizitären Haushalt endlich wieder in die schwarzen Zahlen zu bringen. Deshalb suchte ich überall nach Sparmöglichkeiten. Fündig wurde ich unter anderem im Bereich der Agrarforschung. Ich fand es paradox, dass der Bund trotz grosser Überschüsse in der Landwirtschaft nicht weniger als acht Forschungsanstalten betrieb, die kein anderes Ziel kannten, als die Produktion noch weiter zu steigern. Deshalb schlug ich vor, wenigstens zwei dieser Anstalten aufzuheben. Der Bundesrat lehnte meinen Antrag ab. Etwas später wurden immerhin die Forschungseinrichtungen in Liebefeld und Reckenholz zusammengelegt. Das war aber auch schon alles.

Um das Verständnis für den biologischen Landbau auch in der Landesregierung zu fördern, besuchte ich auf meiner ersten «Schulreise» als Bundespräsident mit dem Bundesrat das von Schalchers Stiftung gegründete *Forschungsinstitut für biologischen Landbau* (FiBL), damals noch in Oberwil im Baselbiet. Institutsleiter Urs Niggli orientierte uns über die Ziele der dort betriebenen Forschung und über die Beratungstätigkeit für Landwirte. Einige der Bundesratskollegen waren ebenso überrascht wie beeindruckt.

Als Finanzminister hat man das Ziel, einen ausgeglichenen Haushalt zu führen. Das ist eine anstrengende Arbeit. Man muss stets darauf achten, dass in keinem Departement unnötige Ausgaben gemacht werden. Besonders heikel ist es, wenn man mit einem Begehren kommt, das bereits einmal eine Abfuhr erlitten hat. Mein Insistieren auf einer Unterstützung der biologischen Landwirtschaft war so ein Fall. Gleichzeitig war auch das Problem bei den landwirtschaftlichen Forschungsanstalten nach wie vor ungelöst. Dennoch ging die Saat allmählich auf: Mein zweiter Anlauf für eine Unterstützung des FiBL war erfolgreich, mein Plan vielleicht auch etwas raffinierter: Ich schlug vor, den eidgenössischen Forschungsanstalten den Kredit um zwei Millionen Franken zu kürzen und dafür das FiBL mit einer Million zu unterstützen. Das war ein Fingerzeig für die bestehenden Anstalten und ein Zeichen der Anerkennung für das FiBL. Und obendrein hatte der Bund eine Million gespart. Letzteres war hier zwar nicht mein vorrangiges Ziel. Ich wollte vielmehr eine Richtungsänderung in der Landwirtschaftspolitik herbeiführen. Sie bestand darin, dem FiBL und damit auch dem biologischen Landbau die Anerkennung durch den Bund zu sichern. Das Vorhaben gelang. Ein Durchbruch.

Ich wurde einmal gefragt, warum ich mich für diese «Körnlipicker» einsetze. Die Antwort ist einfach. Ich schätze gesunde, natürliche Nahrungsmittel. Dafür braucht es gesunde Böden, eine möglichst intakte Natur – eine umweltschonende Landwirtschaft.

Inzwischen hat sich das FiBL weltweit einen Namen gemacht. Dies nicht zuletzt dank einer Untersuchung, mit der klar gezeigt werden konnte, dass die Bodenfruchtbarkeit bei biologisch-dynamischer und biologischer Bearbeitung höher ist als bei konventioneller.

In seinen Anfängen war das Forschungsinstitut noch praktisch für alles selbst zuständig: für die Forschung, für die Beratung, für die Vergabe des Knospen-Labels an Bioprodukte sowie für deren Kontrolle. Um Interessenkonflikte zwischen Forschung und Verkauf zu vermeiden, übertrug man die Vermarktung der Knospe an die ebenfalls durch Urs Niggli initiierte Vermarktungsorganisation *Bio Suisse*. Und im Zusammenhang mit der staatlichen Aufsicht über die Bioprodukte wurde auch die Kontrolltätigkeit in eine selbständige Firma ausgegliedert, die *bio.inspecta*. Nicht zu vergessen die internationale Vernetzung, die aus all diesen Aktivitäten entstanden ist – etwa über die Schaffung der *International Federation of Organic Agriculture Movements* (IFOAM). Damit ist in der Schweiz, im FiBL, eine erfreuliche Konzentration auf Forschung und Beratung erreicht worden.

Nach meinem Ausscheiden aus dem Bundesrat bat man mich, das Präsidium des Stiftungsrates zu übernehmen. Die Anfrage überraschte mich. Bei aller Sympathie für den biologischen Landbau: Ich hatte keine Ahnung von der Forschung und eigentlich auch keine besonderen Beziehungen zum FiBL. Und meine Mitarbeit in landwirtschaftlichen Kommissionen lag nun doch schon ein paar Jahre zurück … Trotzdem sagte ich schliesslich zu. Wegen eines alten Ärgernisses: dem Übergewicht der Forschung, die im Dienste der konventionellen Landwirtschaft steht. Ich wollte ein Zeichen setzen und – soweit mir das möglich war – ein Gegengewicht schaffen.

Meine wichtigste Aufgabe war es, die Beziehungen zum Bund zu bereinigen. Das FiBL hatte sich rasch entwickelt. Es hatte trotz der Miete des vom Kanton Aargau aufgegebenen landwirtschaftlichen Schulungszentrums in Frick bereits wieder zu wenig Platz. Bevor wir aber in neue Gebäulichkeiten investierten, wollten wir abklären, ob nicht der Bund eine seiner Forschungsanstalten zur Verfügung stellen konnte. Das war nicht möglich. Hingegen wurde die finanzielle Unterstützung durch den Bund erhöht. Um die Unabhängigkeit des FiBL zu sichern, sollten jedoch weiterhin mindestens zwei Drittel der Aufwendungen durch direkte Aufträge, also durch eigene Einnahmen, finanziert werden.

Erfreulicherweise erklärte sich der Kanton Aargau bereit, eine Liegenschaft in Frick zu einem angemessenen Preis zu verkaufen. So war der Weg frei für den Ausbau des Instituts. Es wird nicht der letzte gewesen sein. Die Leistungen des FiBL sind national wie international sehr gefragt, und entsprechend steigt die Zahl der Mitarbeitenden.

Heute wird nicht nur das FiBL vom Bund unterstützt, sondern es werden auch die Bio-Landwirtschaft, die Bio-Produktion und deren Vermarktung stark gefördert. Die Knospe spriesst, die Arbeit der Bio-Pioniere trägt Früchte. Endlich.

Ein besseres Klima schaffen

Die langfristig grösste Bedrohung für unser Land, für die Menschheit und die Zukunft unseres Planeten liegt in der globalen Klimaveränderung. Sie kann verheerende Auswirkungen haben, wenn wir nicht endlich die dringend nötigen Gegenmassnahmen ergreifen und wirksam umsetzen. National wie international.

Die klimatischen Veränderungen sind auch bei uns, in unserer Landschaft, bereits deutlich sichtbar – etwa im rapiden Rückgang der Gletscher. Noch vor 50 Jahren hätte sich niemand vorstellen können, dass man in unseren Bergen künstlichen Schnee produzieren muss. Es gab ihn jeden Winter in Hülle und Fülle.

Mit unserem Verhalten beeinflussen wir langfristig das Klima. Das aktuelle Wetter können wir freilich nicht ändern. Es ist laut den Prognosen der Klimaforschung vermehrt mit aussergewöhnlichen Ereignissen und Naturkatastrophen zu rechnen. Hier bleibt wenig Spielraum: Wir müssen die Vorkehrungen treffen, um neue Schäden zumindest in Grenzen halten zu können. Das setzt eine sorgfältige Abklärung der Risiken voraus, die Anpassung möglicher Gefahrenzonen und bauliche Massnahmen für die Sicherheit. Die notwendigen Investitionen kosten zwar Geld, viel Geld. Doch mit Sparen verhindert man keine Katastrophen.

Hingegen bin ich der Meinung, dass der Strassenverkehr und damit auch der Strassenbau erheblich reduziert werden müssen. Die Klimaveränderung wird zu beachtlichem Teil durch die weltweite Luftverschmutzung verursacht. Wesentlichen Anteil an dieser Belastung hat der motorisierte Strassenverkehr. Wir haben uns gemäss Kyoto-Protokoll verpflichtet, den CO_2-Ausstoss in der Schweiz zu reduzieren. Die Zielsetzungen haben wir bislang nicht erreicht.

Dabei müssten gerade wir als kleines Alpenland mit gutem Beispiel vorangehen – im eigenen Interesse: zum Schutz unserer Bevölkerung und unserer Landschaft. Aber es ist eben einfacher, das Rauchen zu verbieten, als die Abgasemissionen der Autos zu reduzieren.

Die heutige CO_2-Abgabe ist jedenfalls eine Alibi-Übung. Sie bringt dem Staat zwar etwas Geld ein, ist letztlich aber bedeutungslos. Man muss aus politischen Gründen etwas tun, aber dieses Etwas darf keine Wirkung entfalten. Bezeichnenderweise hatte eine bürgerliche Parlamentarierin den Bundesrat gebeten, die Inkraftsetzung der CO_2-Abgabe hinauszuschieben, bis Öl und Benzin billiger geworden seien. So kann man nur argumentieren, wenn man nicht bereit ist, einen persönlichen Beitrag durch eine freiwillige Einschränkung der Autofahrten zu leisten.

Die Probleme und Gefahren sind bekannt – etwa der gesundheitsschädliche Feinstaub. Er wird vor allem durch Dieselmotoren verursacht. Bei den Baumaschinen ist unser Land mit gutem Beispiel vorangegangen – sehr zum Wohl der Arbeiter, die den krebserregenden Feinstaub tagtäglich einatmen mussten. Bei den Lastwagen tut man sich schwerer, aus Rücksicht auf die Camioneure aus der EU. Dabei könnten wir gemäss den Abkommen mit der EU auch Wettbewerbsbehinderungen einführen, wenn dies zum Schutz der Gesundheit geboten erscheint – wie wir das seinerzeit mit der Schwerverkehrsabgabe getan haben.

Wir sind ein seltsames Volk. Wir investieren Milliarden bei den Bahnen, weil wir wollen, dass sich der Verkehr von der Strasse auf die Schiene verlagert. Wir wissen aber auch, dass die Bahnen unter den heutigen Rahmenbedingungen diese Milliarden nie verzinsen oder gar amortisieren können.

Zwei Massnahmen sind nötig. Erstens müssen wir die Geschwindigkeit des Bahnausbaus reduzieren, also langsamer bauen, etwa beim Gotthard. Denn die Investitionen müssen durch die laufende Rechnung direkt abgedeckt und eine weitere Verschuldung muss verhindert oder zumindest gemindert werden. Gleichzeitig müssen wir, zweitens, dafür sorgen, dass die Bahnen vor allem im Güterverkehr gegenüber der Strasse konkurrenzfähiger werden. Die Schwerverkehrsabgabe muss so massiv erhöht werden, dass es billiger wird, Güter mit der Bahn statt mit Lastwagen durch die Schweiz zu befördern. Damit reduzieren wir die Luftverschmutzung, statt sie noch mit Steuergeld zu fördern.

Tun wir dies nicht, bliebe letztlich nur ein Drittes: Wir müssten auf den weiteren Ausbau der Schiene verzichten. Das widerspräche zwar der Devise, wonach der Verkehr von der Strasse auf die Schiene verlagert werden soll. Es entspräche jedoch der heutigen Realität: Ohne einschneidende Massnahmen sind die Bahnen gegenüber den Lastwagen nicht konkurrenzfähig. Nur sollten sich die Politiker in diesem Fall abgewöhnen, die Klimaerwärmung in allen Parteiprogrammen wortreich zu beklagen. Wenn ihnen die kurzfristige Rendite wichtiger ist, haben nachhaltige Massnahmen keinen Platz.

Ziehen wir Bilanz: Was steht im Soll, was findet sich im Haben? Auch wenn ich als Finanzpolitiker eher enttäuscht Rückschau halten muss und sehr kritisch auf das Geschehen in der heutigen Zeit blicke – als Bürger dieses Staates bleibe ich dennoch zuversichtlich. Den Optimismus schöpfe ich aus ganz alltäglichen Erfahrungen, aus Begegnungen mit kritischen und politisch interessierten Menschen. Sie bestärken mich im Vertrauen in die Veränderungskraft unserer direkten Demokratie. Denn sie wissen: Mutige, auch unbequeme Entscheide sind nötig. Nur mit Sparen und dem Abbau öffentlicher Leistungen erreicht man nichts Positives für die Gemeinschaft. Wir sichern den Wohlstand unseres Landes und das Wohlergehen der Bevölkerung nicht mit Illusionen. Es braucht beherzte Taten – für eine bessere Umwelt, für eine sozialere Wirtschaft, für eine gerechtere Gesellschaft.

Der abtretende SP-Bundesrat Otto Stich verabschiedet sich am 31. Oktober 1995 bei den versammelten Bundeshausjournalisten.

Besichtigung der *Swiss Steel*-Stahlwerke in Gerlafingen durch die SP-Fraktion, 11. Juni 2003. Alt Bundesrat Otto Stich und Bundesrat Moritz Leuenberger lassen sich von einem Arbeiter die Stahlproduktion erklären.

Tag der offenen Tür am *Forschungsinstitut für biologischen Landbau* (FiBL), August 2004. Otto Stich lanciert als Stiftungsratspräsident des FiBL das Jahr des Bodens.

Otto Stich und Micheline Calmy-Rey an einer Feier zum 100-Jahr-Jubiläum der SP-Sektion Dornach 2009.

Autoren

Dr. Otto Stich

geboren am 10. Januar 1927, gehörte von 1983 bis 1995 als Bundesrat und Vorsteher des Eidgenössischen Finanzdepartementes der schweizerischen Landesregierung an. 1988 und 1994 war er Bundespräsident. Er ist Mitglied der Sozialdemokratischen Partei. Seine politische Karriere begann er in den fünfziger Jahren als Gemeindeammann von Dornach (Kanton Solothurn). Er gehörte zwanzig Jahre lang dem Nationalrat an und präsidierte unter anderem die Wirtschafts- und Finanzkommission. Vor seiner Wahl in den Bundesrat war der Staatswissenschafter und Handelslehrer als Personalchef der Coop-Gruppe in Basel tätig gewesen.

Ivo Bachmann

geboren am 4. April 1963, ist Publizist und Medienberater. Er war unter anderem Chefredaktor des «Beobachters» und der «Basler Zeitung» und wirkte in den Geschäfts- und Unternehmensleitungen grosser Schweizer Verlage. Heute ist er Geschäftsführer von bachmann medien ag, einer Gesellschaft für Medienberatung und Medienproduktion in Basel.

Literaturverzeichnis

Année Politique Suisse. Institut für Politikwissenschaft der Universität Bern, Bern 1986 und 1988.

Beglinger, Martin: Otto Stich. Der rote Eidgenosse. Zürich 1996.

Bulletin zur schweizerischen Sicherheitspolitik 1995. ETH Zürich, Center for Security Studies (CSS), Zürich 1995.

Czerwinski, Rico / Strehle, Res: Was Senn dazu sagt. In: Das Magazin, Nr. 08/2008.

Dyttrich, Bettina: Blocher rief. Sie kamen auch. In: Die Wochenzeitung WOZ, Nr. 39/1995.

Fehr, Christian: Heil Dir Helvetia. Die Freude an der Macht. Edition Gutenberg, Hägendorf 1984.

Fischer, Max: «Marcel Ospel müsste zurücktreten!». In: Schweizer Illustrierte, Nr. 37/2008.

Föllmi, Anton: Prof. Edgar Salin ist noch immer sehr lebendig. In: Basler Zeitung, Nr. 112/2007.

Graf, Peter / Rey, Jean-Noël (Hrsg.): Otto Stich und die Kunst des Möglichen. Bern 1987.

Hubacher, Helmut: Ogi – Macht und Ohnmacht. Basel 2001.

Hubacher, Helmut: Schaubühne Bern. Bundesräte und andere Solisten. Bern 2007.

Hubacher, Helmut: Tatort Bundeshaus. Bern 1994.

Kaeser, Daniel: La longue marche vers Bretton Woods. Georg éditeur 2004.

Koch, Erwin: Otto Stich. Die Gürtelrose im Bundesrat. In: Das Magazin, Nr. 42/1990.

Kommission für Konjunkturfragen: Die Konjunkturpolitik der Schweiz seit den sechziger Jahren. In: Jahresbericht 2007. Bern 2007.

Meier, Eugen A.: Der Basler Arbeitsrappen 1936–1984. Basel 1984.

Mühlemann, Ernst: Macht und Ohnmacht in der Demokratie. Psychiatriezentrum Münsingen PZM, Münsingen 2005.
Neugebauer Gregory (Hrsg.): Föderalismus in Bewegung – wohin steuert Helvetia? Zürich 2000.
Schmidt, Christian: Das Loch, das Löcher reisst. In: Beobachter, Nr. 11/2006.
Uebersax, Peter: Blick zurück. Erinnerungen eines Chefredaktors. Zürich 1995.
Vorkommnisse im EJPD. Bericht der Parlamentarischen Untersuchungskommission PUK. In: Bundesblatt 1990, Band 1, Heft 7.
Zurlinden, Urs: Der Ogi. Zürich 2001.

Sowie zahlreiche weitere Quellen, namentlich Archive der Schweizerischen Eidgenossenschaft (admin.ch), Solothurner Staatsarchiv, Staatsarchiv Basel-Landschaft, Schweizerische Mediendatenbank SMD/Swissdox, Privatarchiv von Dr. Otto Stich.

Dank an Iris Becher, Robert Bösiger und Franz C. Widmer für die Mitwirkung bei Recherche, Textbearbeitung und Lektorat.

Bildnachweis

Archiv OS: S. 56–58, 116 unten

Archiv OS (Coop Schweiz): S. 12, 60 unten

Archiv OS (Elisabeth Baumann): S. 115, 117 unten

Archiv OS (Thomas Alföldi/FiBL): S. 140 oben

Jubiläumsschrift «Sit 1968 wär d'Fasnacht ermer – ohni d'Clique Seelewermer», Eigenverlag: S. 16 unten

Kantonspolizei Solothurn: S. 116 oben

KEYSTONE/Str: S. 16 oben, 59, 60 oben, 117 oben, 139 oben

KEYSTONE/Edi Engeler: S. 139 unten

KEYSTONE/Sigi Tischler: Cover

RBA-13: Kurt Reichenbach © StAAG/RBA: S. 15

Pierre-André Rebetez, Dornach: S. 13, 14

Hans Sonntag, Victoria-Jungfrau Grand Hotel & Spa: S. 118 oben

stahlphoto.ch: S. 118 unten

Hans-Jörg Staub, Dornach: S. 140 unten

Wir haben uns bemüht, alle Inhaber von Bildrechten ausfindig zu machen. Sollte uns dies in Einzelfällen nicht gelungen sein, können berechtigte Ansprüche im üblichen Rahmen beim Verlag geltend gemacht werden.

Weitere Titel im Verlag Johannes Petri

Ulrich Goetz, Martin Hicklin

CoffeeTalk

Vergnügliches aus der Wissenschaft

Mit Karikaturen von ANNA und einem Vorwort von Gottfried Schatz

2011. 95 Seiten, 26 Abbildungen. Broschiert.

ISBN 978-3-03784-013-9

Während die einen sich redlich abrackern, um den Acker des Wissens tagtäglich zu bestellen, säen die anderen nicht, sondern sammeln nur die süssen Früchte auf. So sehen Ulrich Goetz und Martin Hicklin ihre Arbeit als Wissenschaftsjournalisten, die sich bequem die Rosinen aus der Forschung anderer herauspicken können, um sie in unterhaltsame Prosa zu übertragen.

Seit 2003 erscheint ihre Kolumne «CoffeeTalk» in der Basler Zeitung. Interessantes, Erstaunliches, Heiteres, Kurioses, kurzum Vergnügliches wird hier aus dem breiten Strom der Wissenschaftsnachrichten gefischt, um es fein zubereitet zu servieren. Das vorliegende Buch versammelt eine Auswahl dieser Kolumnen und stellt sie den mit klugem Strich gezeichneten Karikaturen von ANNA gegenüber.

Weitere Titel im Verlag Johannes Petri

Niklaus Schubert

Licht über verkrüppelten Palmen

Roman

Mit einem Nachwort von Jürg Kesselring

2011. 300 Seiten. Gebunden.

ISBN 978-3-03784-010-8

Buchstäblich den Halt verliert Peter, als sich in unerklärlichen Stürzen erste Anzeichen einer schwerwiegenden Erkrankung bemerkbar machen. Mit beklemmender Präzision beschreibt der Roman, wie sich vage Vermutungen zur Gewissheit verdichten. Nachdem der junge Architekturstudent erfahren hat, dass er an Multipler Sklerose leidet, muss er seine Lebensplanung neu überdenken. Entweder hat die Krankheit künftig ihn im Griff – oder er die Krankheit! Er beginnt, gegen die Resignation und Isolation zu rebellieren, um sich sein Stück Freiheit und Selbstverwirklichung zu erkämpfen.

Niklaus Schubert, geboren 1961 in Basel, war von 1988 bis 1994 Pfarrer in S-chanf. Seit er den Beruf aufgrund seiner MS-Erkrankung aufgeben musste, lebt er als Schriftsteller in Davos.

Weitere Titel im Verlag Johannes Petri

Alfred Bollinger

Schurrs Aufbruch

Roman

2011. 289 Seiten. Gebunden.

ISBN 978-3-03784-009-2

Zürich in den 1970er Jahren: Der junge, von seiner Mission besessene Arzt Manuel Schurr baut auf seinem Küchentisch die ersten Ballonkatheter. Eine revolutionäre Therapie für Gefäss- und später auch für Herzerkrankungen bahnt sich an. Ihr Erfinder wird nach Kalifornien berufen und erhält – so will es dieser Roman – schliesslich den Nobelpreis. Auf dem Höhepunkt seines Erfolgs entflieht er den wachsenden Verpflichtungen. Eine Schiffsreise durch Chiles Kanallabyrinth führt zur lebensgeschichtlichen Wende.

Alfred Bollinger, Gründer der Abteilung für Gefässkrankheiten und Professor am Universitätsspital Zürich, hat die historische Entwicklung des Ballonkatheters hautnah miterlebt. Seit seiner Emeritierung ist er als Schriftsteller und Fotograf tätig.

Der Verlag Johannes Petri ist ein Imprint des Druck- und Verlagshauses Schwabe, dessen Geschichte bis in die Anfänge der Buchdruckerkunst zurückreicht. Im Jahre 1488 gründete Johannes Petri, der das Druckerhandwerk in Mainz zur Zeit Gutenbergs erlernt hatte, in Basel ein eigenes Unternehmen, aus dem das heutige Medienhaus Schwabe hervorgegangen ist. Mit der ausdrücklichen Bezugnahme auf unseren Firmengründer knüpft der Verlag Johannes Petri an die lange Tradition des Mutterhauses an und bürgt für die von Generation zu Generation weitergegebene Erfahrung im Büchermachen.